바쁜 엄마도 쉽게 하는
# 내 아이 사진 정리법

SIMPLE DAKARA ISOGASHIKUTEMO ZUTTO TSUZUKU! KODOMO NO SHASHIN SEIRI-JYUTSU by Emi
copyright ⓒ 2014 by Emi
All rights reserved,
Original Japanese edition published by Wani Books Co., Ltd.

This Korean edition is published by arrangement with Wani Books Co., Ltd, Tokyo
in care of Tuttle-Mori Agency, Inc., Tokyo through BC Agency, Seoul.

이 책의 한국어판 저작권은 BC 에이전시를 통한 저작권자와의 독점 계약으로 심플라이프에 있습니다.
저작권법에 의해 한국 내에서 보호를 받는 저작물이므로 무단전재와 복제를 금합니다.

육아멘토 Emi가 전하는 초간단 앨범 정리법

# 바쁜 엄마도 쉽게 하는
# 내 아이 사진 정리법

Emi 지음 | 박재현 옮김

심플라이프

"와! 이 그림책, 정말 재미있었어."
"내가 더 아기였을 때는 손이 조막만 했네!"
"엄마, 어느 쪽이 나야?"

아이들은 수시로 앨범을 꺼내와 마치 그림책을 읽듯 앨범을 넘긴다.
태어난 순간, 첫 외출, 함께 놀아준 사람, 즐거웠던 기억들…
앨범을 넘길 때마다 일상을 수놓았던 소소한 일들이
세상에 하나뿐인 소중한 추억으로 변신한다.
앨범은 자유로이 시간을 넘나드는 타임머신 같다.

아이들이 모두 잠든 뒤 맞이하는 혼자만의 시간.
앨범을 펼치고 "이렇게 작았을 때가 있었지."
하며 흘러간 흔적을 되짚어본다.
불현듯 엄마로서 잘 하고 있는지 의문이 들때,
자신감을 잃거나 주눅이 들 때,
바르고 건강한 아이로 잘 키울 수 있을지 걱정이 될 때,
앨범을 보다 보면 "힘들었지만 나름 열심히 해왔다."는
생각이 들어 위로가 된다.
괜찮다. 틀림없이 내일도 잘 해낼 것이기에.

주말, 우리집은 사람들이 자주 모인다.
그리고 어김없이 앨범을 꺼내보며
도란도란 이야기꽃을 피운다.
"정말, 이런 때도 있었구나."
앨범 덕분에 웃음과 이야기가 끊이지 않는 시간들로 채워지고
소중한 사람들과의 관계는 새록새록 깊어진다.
당연해 보이는 일상이
이렇게 서로를 이어주고 있다는 것이 얼마나 소중한 일인지,
'앨범이 있는 생활'이 가르쳐준다.

Prologue

# 부모가 해줄 수 있는 가장 고귀한 선물, '추억'

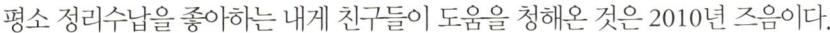

"아이들 사진을 정리해야 하는데, 너무 바쁘다 보니 손도 못 대고 있어."
"둘째가 태어난 뒤 통 정리를 못하고 살아. 어쩌면 좋을까?"
평소 정리수납을 좋아하는 내게 친구들이 도움을 청해온 것은 2010년 즈음이다.
우리 쌍둥이들이 채 한 살도 되기 전이었다.
당시 나는 출산 후 직장에 복귀하지 않은 상태였고, 오로지 쌍둥이 육아에 힘을 쏟으며 아이들이 커가는 모습을 사진에 담는 재미에 푹 빠져 있었다.
그런데 점점 사진이 늘어나자 이대로 보관만 해두기보다는 조금씩 정리를 해야겠다는 생각이 들었다. 아이들이 크면 더욱 바빠질 것이고, 쌓여가는 사진을 모아만 둬서는 아무 의미가 없을 것 같았다.
고심 끝에 '바쁘더라도 아이들에게 사진을 남겨주자!'고 결심했다.
그리고 어떻게 하면 가장 '쉽고 간편하게' 사진을 정리할 수 있는지 고민하기 시작했다.
몇 번의 시행착오 끝에 마침내 수납 공간을 고려하여 일정한 분량만으로노 넛신 앨빔을 민드는 사진 정리법을 만들어냈다.
사진을 무턱대고 많이 뽑는 게 아니라, '1달에 11개', '1년에 1권'으로 사진 정리를 끝내는 심플한 방법이다.
해보니 번거롭지도 않고 손쉽게 할 수 있으면서도 근사한 앨범이 만들어졌다.
이 방법을 블로그에 올리자 반응이 무척 뜨거웠다. 조용하던 블로그가 하루아침에 인기 블로그가 되었고, 급기야 인기 주부 프로그램인 TBS 〈하나마루 마켓〉에도 소개 되었다.
'아이 사진 정리법'이라는 단어를 검색해 블로그를 찾아오는 사람들의 수도 엄청나게 늘었다. 솔직히 이런 반응에 나조차 깜짝 놀랄 지경이었다.
'이렇게 많은 엄마들이 사진 정리 문제로 고민하고 있었다니….'

2012년 본격적으로 정리수납 어드바이저로 활동하기 시작하면서 나는 맨 먼저 '아이 사진 정리법'이라는 주제로 세미나를 열었다. 나처럼 사진 정리 문제로 고민하는 엄마들에게 작게나마 힘이 되고 싶었다.
그리고 2년이 흐른 지금, 세미나는 총 40회를 넘기며 성황리에 운영 중이고, 공식 세미나를 거쳐 간 수강생들만 해도 500명이 넘는다.

"이렇게 만들고 보니 시작하길 너무 잘한 것 같아요."
"그냥 시간이나 때워볼까 하는 생각에 시작했는데, 이렇게 의미있는 일인 줄 몰랐어요."
"잊어버렸던 아이들과의 기억을 다 되찾은 기분입니다. 정말 고마워요."
세미나에 참석한 사람들이 전해주는 이런 찬사는 내겐 또다른 기쁨이다.
'내가 느꼈던 행복했던 시간과 감정을 다른 엄마들과 공유하는구나.'라고 느껴질 때면 이 일이 결코 사소한 일이 아니라는 확신과 함께 자부심마저 느껴진다.

세미나가 인기를 끌자, 지역 모임에서도 세미나를 열고 싶다는 의뢰가 빗발쳤다.
하지만 어린 두 아이들을 두고 지방을 자주 방문할 수 없는 현실 때문에 매번 거절해야만 해 안타까웠다. 필요한 분들의 요청을 거절한다는 미안함도 있었지만 무엇보다 아이들과의 추억을 함께할 기회를 빼앗은 것 같아서 마음이 편치 않았다.
고심 끝에 '책을 내면 더 많은 사람들과 공유할 수 있지 않을까?'하는 생각이 들었다.
이 책은 그래서 탄생했다. 지금까지 진행했던 세미나의 내용은 물론 다른 엄마들의 다양한 사진 정리 경험담도 함께 담았다. 바쁜 일상에 쫓겨 세미나에 참석할 수 없었던 엄마들뿐 아니라 더 늦기 전에 아이들의 사진을 정리해두고 싶어하는 분들에게 큰 도움이 될 것이다.

어쩌면 처음엔 조금 귀찮게 느껴질지도 모른다. 그동안 찍어둔 수백, 수천 장의 사진을 정리한다고 생각하면 엄두가 나지 않을 수도 있다.
하지만 찍어만 두고 꺼내보지 않는 사진이란 무엇인가? 그저 공간만 차지하는 무의미한 물건짝에 불과하다. 나중에 보겠다며 찍어둔 그 많은 사진을 언제 어떻게 아이에게 제대로 남겨줄 것인가? 과연 그런 기회가 오긴 올까?

성년이 된 어느 날, 할머니나 어머니로부터 받은 배냇저고리는 누구에게나 감동적인 선물이다. 마찬가지로 나는 부모가 자녀에게 물려줄 수 있는 가장 좋은 선물은 '추억'이라고 생각한다. 기억조차 없는 어린 시절의 모습을 아이에게 오롯이 남겨주는 일처럼 아름다운 선물이 있을까? 시간과 비용 대비 가장 귀한 선물이 있다면, 그게 바로 앨범이 아닐까 싶다.

앨범을 만드는 일은 미래뿐 아니라 지금 당장의 집안 풍경도 바꾼다. 믿을지 모르겠지만 앨범을 만들기 전과 만든 후의 집안 풍경은 완전히 달라진다. 적어도 내 경우엔 그랬다. 앨범을 만들고 나니 자연스럽게 아이들과 앨범을 보는 시간이 늘었고 남편과 대화하는 시간도 많아졌다. 함께 앨범을 보며 도란도란 이야기를 나누는 시간은 우리 가족 모두에게 행복, 그 자체다.

지금 당장 '언젠가 시간이 날 때 정리해야지.'라며 미뤄두었던 아이들의 사진을 꺼내보자. 아이들 사진뿐 아니라 본인이나 남편의 어릴적 사진도 함께 찾아보자. 어느덧 덤덤해지고 귀찮게만 느껴지는 육아의 기쁨을 되찾아줄지 누가 아는가. 분명한 것은 단란하게 모여 앉아 이야기를 나누는 따뜻한 가족 풍경은 반드시 되찾아준다는 점이다.

지금부터 '앨범이 있는 풍경' 속으로 들어가보자.

# Contents

**Prologue**
부모가 해줄 수 있는 가장 고귀한 선물, '추억' … 9

**Chapter 1**
바쁜 사람도 쉽게 따라하는 '1년에 앨범 1권' … 15

**Chapter 2**
나만의 특별한 앨범 만들기 '노하우 공개!' … 37

**Chapter 3**
세미나 참가자 10명이 공개하는 "우리집 앨범을 소개합니다!" … 63

**Chapter 4**
사진으로 즐기는 생활, 사진 촬영 요령부터 … 75
동영상 + 작품 + 부부사진 + α 정리법

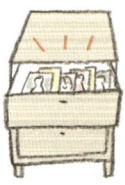

### *Epilogue*
세상에 단 하나뿐인 가족 풍경을 만들자 … 94
— 사진이 없으면 추억도 없다

### *column*
열렬한 호흥 속에 진행되는 '아이 사진 정리법' 세미나 … 36
부모님이 만들어준 낡은 앨범은 그 자체로 보물이다! … 62
사진과 추억을 준비해두는 엄마가 되자! … 74
— 아이가 7살이 되었을 때

**특별부록 1** ▶ 연령 조견표 & 월령 조견표 … 96
**특별부록 2** ▶ 사진 데이터 정리 체크리스트 … 98

# 누구나 멋진 앨범을 만들 수 있다!

"1년에 단 1권의 앨범으로 아이들의 성장 과정을 한눈에 볼 수 있다니!"
"시간에 쫓겨도 중간에 포기하지 않고 계속 할 수 있어 좋아요."
"언젠가 꼭 해야 할 일을 끝내서 속시원하고, 아이에게 좋은 선물을 해준 것 같아 뿌듯합니다."
내 블로그엔 '아이 사진 정리법'을 따라한 후 올려준 이런 후기들이 가득하다.

두 살 난 딸아이가 하루에도 몇 번씩 앨범을 봐요. 마지막 장까지 다 본 뒤에 다시 처음 장부터 돌아와 보기 시작합니다. 앨범에 아주 흠뻑 빠져 지내요. 지금까지 사진은 서랍 속에서 잠만 자고 있었는데, 미리 챙겨주지 못한 것이 미안할 정도예요.

효고현의 H.H 씨

어느 날 남편에게 사진 정리법을 설명해주다가 내가 직접 앨범을 만들어보면 어떨까 생각했죠. 당장 남편과 함께 사진 정리에 도전했어요. 사실 지금까지는 사진 찍기에 그다지 적극적이지 않았는데, 지금은 늘 카메라를 갖고 다닐 만큼 흠뻑 빠졌어요. 사진 정리는 요즘 우리 가족의 가장 큰 즐거움이 됐답니다. 아이가 무척 좋아해요.

오사카의 T.N 씨

아이들이 한두 살 때 앨범을 정리한 이후 몇 년간 사진 정리를 할 엄두를 내지 못했어요. 그러다 얼마 전 Emi의 사진 정리법을 발견하고 따라하면서 다시 사진의 묘미에 푹 빠졌답니다. 딸아이도 수시로 앨범을 가지고 와 그림책처럼 재미있게 보고 있어요.

효고현의 N.S 씨

Chapter 1

# 바쁜 사람도 쉽게 따라하는
# '1년에 앨범 1권'

아이가 태어나면 사진 찍을 기회도 많아지고,
점점 사진도 쌓이게 마련이다.
하지만 육아에 쫓겨 살아가는 엄마들에게 사진 정리는 쉽지 않은 일이다.
그런 고민을 말끔히 해결해준 것이 '1년에 앨범 1권' 만들기다.
사진을 앨범에 넣기만 하면 끝!
1달치 사진을 2페이지에 담는 간단한 방법이다.
자, 시작해보자.

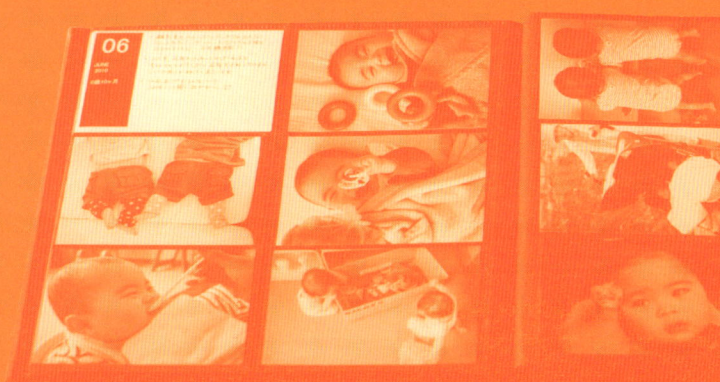

**모든 엄마들의 공통된 고민!**

# 사진을 정리할 수 없는 4가지 이유

아이 사진을 정리할 필요성을 느끼는 엄마들은 많다. 하지만 왠일인지 생각처럼 되지 않는다.
이런 엄마들에게 "왜 아이 사진 정리가 어려운가?"라고 묻고 이유를 분석했더니 4가지 공통점이 있었다.
놀랍게도 엄마들의 고민거리는 모두 비슷했다.

## 1
### 촬영 도구도, 인쇄 방법도 너무 다양하다!

옛날에 사진을 정리하는 방법은 단 하나뿐이었다. 필름 카메라로 촬영한 뒤, 사진관에 필름을 맡기고, 사진을 찾아와 앨범에 넣으면 끝. 그래서 간단했다. 그런데 요즘은 촬영 매체만 해도 디지털 카메라, 스마트폰, 태블릿 단말기, 폴라로이드 등 그 선택지가 너무 많아 찍는 장소나 상황에 따라 사진이 분산된다. 게다가 디지털 카메라는 찍은 즉시 사진을 확인할 수 있어 편리하지만 인쇄할 시간이 애매하거나 자칫하면 인쇄할 기회조차 없어진다는 것이 문제.

## 2
### 요즘 엄마들은 바쁘다!

활동적인 엄마들이 부쩍 많아진 요즘 엄마들은 바쁘다. 끝없이 쌓이는 집안일 하랴, 식사 챙기랴, 숙제 봐주랴, 학원 챙기랴… 매일 시간을 쪼개 써도 돌아서면 또 할 일이 산더미처럼 쌓인다. 그래서인지 많은 엄마들이 '언젠가는 사진 정리를 해야지.'라고 생각하면서도 막상 시작하려고 하면 마음의 여유를 내지 못한다. 하지만 '언젠가'라는 그 시간이 과연 올지 의문이다. 바쁜 생활에 치여 지내다보면 사진 정리는 언제나 우선 순위에서 밀린다.

## 3
### 때론 완벽주의도 문제다!

엄마들은 내 아이와 관계된 일이라면 뭐든 잘하고 싶다. 내 아이를 위한 일이라면 앨범 하나를 만들더라도 완벽하게 꾸며주고 싶다. 게다가 앨범은 평생 남을 추억 아닌가. 이런 엄마들은 '가장 좋은 방법과 모양새'를 찾느라 시간을 흘러보낸다. 해주고 싶은 마음은 굴뚝 같지만 시중 앨범은 조잡스럽고, 방법도 마땅치 않다. 그러다보니 "정신을 차리고 보니 5년이 지났어요."라고 한탄하는 엄마들이 많다. 실제로 사진 데이터가 많아지면 많아질수록 정리하고 싶은 의욕은 점점 떨어진다.

## 4
### 둘째가 태어나면서 중도 포기!

첫 아이를 출산한 뒤 엄마들은 한동안 사진 찍기와 앨범 꾸미기에 빠져 지낸다. 그때는 모든 사진이 소중하다. '처음 웃던 날', '천사처럼 잠자는 모습' 등을 기록하며 정성을 들인다. 그러다 둘째가 태어나면? 앨범은 고사하고 사진 찍을 시간조차 내기 어렵다. 그래서인지 둘째들은 첫째 아이 앨범에 잠깐 등장하다가 사라지거나 개인 앨범 자체가 없는 아이들도 많다. 엄마가 게을러서가 아니다. 둘 이상의 자녀를 둔 엄마라면 그 이유를 잘 알고 있을 것이다.

> "바쁘다!", "귀찮다!"라는 말을 입에 달고 살면서도
> 아이를 위해 꼭 만들어주고 싶은 것이 앨범이다.
> 그렇다면 앨범을 만들어두면 뭐가 좋을까?
> 그 목적을 분명히 해두면
> 앨범 만들기가 훨씬 즐거워진다.

## 사진은 보고 즐길 때 비로소 가치가 생긴다

"엄마, 이 사진이 정말 나예요?"
어느 날, 다섯 살 난 아이가 자신의 어릴 적 사진을 보고 물었다. 놀랍게도 아이는 다섯 살이 되도록 자기 사진을 본 적이 없었다. 사실 이 아이의 엄마는 사진 찍기를 무척 좋아했다. 그런 만큼 아이의 앨범은 멋지게 만들어주고 싶었고, 가장 좋은 방법을 찾고 있었다. 그런데 거기까지였다. 그렇게 고민만 하다가 5년이 훌쩍 흘러버린 것이다. 엄청난 양의 사진 데이터가 쌓였지만 정작 아들은 기념 사진 말고는 자기 사진을 본 적이 없었다. 아들의 이 한 마디에 엄마는 그동안 자신의 행동을 엄청나게 후회했다고 한다.

기억을 더듬어보면 엄마도 자신의 어린 시절 모습을 사진으로 흥미롭게 봤던 경험이 있을 것이다. 하나의 사진을 몇 번이고 보고 또 보았던 경험 말이다. 어쩌면 엄마 세대들이 지금 아이들보다 더 많은 사진을 갖고 있지 않을까. 그때는 사진을 찍으면 바로 뽑아서 보관했으니까.

사진은 꺼내서 다시 볼 때 비로소 가치 있는 물건이 된다. 아이가 자신의 추억을 눈으로 직접 볼 수 있는 기회를 주는 것이야말로 엄마 아빠가 해야 할 중요한 역할이다.

## 앨범 하나로
## 집안 풍경이 달라졌어요!

고객의 집을 방문할 때마다 나는 옷장 깊숙한 곳에서 잔뜩 먼지가 쌓인 앨범을 발견하곤 한다. 놀란 마음에 몇몇 지인에게 가족 앨범을 어디에 두는지 물었더니, "망가지지 않도록 아이의 손이 닿지 않는 곳에 둔다."는 대답이 많았다. 아이에게 깨끗한 앨범을 남겨주고 싶은 마음도 이해는 되지만 앨범의 진짜 역할이 무엇인지 다시 생각해볼 필요가 있다. 앨범은 아이의 성장 기록인 동시에 '온 가족이 둘러앉아 이야기꽃을 피우게 만드는' 훌륭한 소통 도구다.

나는 앨범을 가족이 모두 모이는 거실에 꽂아둔다. 아이들이 어릴 때는 무릎에 앉히고 앨범을 봤는데 세 살이 되자 아이 스스로 앨범을 꺼내온다. 그리곤 "여기, 여기 나!" "아빠가 목말을 태워줬어!" 하며 지나간 일들을 척척 기억해낸다. 어찌나 자세히 기억해내는지 신기할 정도다. 그래서인지 우리집 앨범은 닳아 너덜너덜해졌다. 하지만 이것은 우리 가족이 앨범을 즐겨 보았다는 증거다. 가족의 손때가 묻어 있고, 이야기가 배어 있는 앨범이야말로 우리집의 '행복 전도사'다.

# 누구도 대신해줄 수 없는
# 육아의 핵심

사랑스러운 아이의 희로애락이 담긴 수많은 사진들. 그 중에서 '최고의 사진'을 꼽기란 쉽지 않다. 하지만 매일매일 아이들과 생활을 하는 부모라면 이쁜 사진이 아니더라도 꼭 고르고 싶은 사진이 따로 있는 법이다.

"세 살 때는 카메라만 들이대면 늘 이상한 표정을 지었었어."

"이 사진이랑 지금을 비교해 봐. 정말이지 엄청 컸네."

나는 사진을 보며 남편과 소소한 대화를 나눈다. 우리 부부에겐 매우 일상적인 풍경이다.

앨범 만들기는 어찌보면 단순한 정리 작업이다. 그러나 그 의미는 단순하지 않다. 육아의 매우 중요한 부분이기 때문이다. 집안 청소나 집안 일은 다른 사람의 도움을 받을 수 있지만 아이들의 사진을 정리하는 일만큼은 엄마 아빠가 아니고는 누구도 대신 할 수 없다.

아빠라서 찍을 수 있는 사진이 있고, 엄마라서 고를 수 있는 사진이 따로 있다는 뜻이다. 사진 정리야말로 '육아의 핵심'이라 해도 과언이 아니다. 매일매일 아이에게 그림책을 읽어주듯 사진 정리도 육아의 일부로 습관처럼 굳어져야 한다.

## 아이가 아니라
## 엄마를 위한 일이다

세미나에 참석한 엄마들이 한결같이 하는 말이 있다.
"아이를 위해 멋진 앨범을 남겨주고 싶어요."
나도 그랬다. 처음 앨범을 정리할 때는 아이를 위한 일이라고 생각했다. 그런데 하면 할수록 이건 나 자신을 위한 일이란 걸 깨닫게 되었다. 우리집 쌍둥이는 태어났을 때 다소 미숙해 60일 동안 병원 인큐베이터에 있다가 퇴원했다. 정말 애를 많이 태웠다. 그렇게 집에 온 지 4개월이 지났을 무렵 두 아이가 한꺼번에 심한 감기에 걸리고 말았다. 칭얼대는 두 아이를 밤새 돌보던 나는 가까스로 아이들이 잠들자 엉엉 울었다. 너무 힘들고 지쳐 아이들이 원망스럽기조차 했다. 그때 눈물을 닦고 거실로 나와 임신 때부터 만든 앨범을 펼쳐보았다. 앨범에는 '작지만 힘차게 태어난 첫 모습', '인큐베이터에서 나와 내 품에 안기던 날' 사진들이 있었다. 다소 미숙한 엄마지만 아이들에게 최선을 다하기 위해 노력해온 내 모습과 육아의 흔적이 고스란히 앨범에 담겨 있었다. 그 순간 엄마로서 애써온 나날이 결코 헛되지 않은 것 같아 눈물이 왈칵 쏟아졌다. 그리고 지친 마음에 다시 힘이 솟았다.
머지않아 아이들이 사춘기를 맞이할 때쯤, 지금 만든 앨범을 보며 나는 또 힘을 얻을 것 같다. 매순간이 쉽지 않지만 이 모두가 하나의 과정이라는 진리를 깨달아가면서 말이다.

적어보세요!

# 현재 자신의 사진 정리는
# 어떤 상태인지 점검해보자!

## 어떤 카메라로 찍고 있는가? (해당 사항에 ○표 하세요.)

엄마 휴대폰 (    )    아빠 휴대폰 (    )    디지털 카메라 (    )    태블릿 단말기 (    )

할머니 할아버지 휴대폰 (    )    그 외 (    )

## 찍을 때마다 사진 인쇄는 하고 있는가? (해당 사항에 ○표 하세요.)

네 → 인쇄 빈도는 어느 정도인가?

1개월마다 (    )    2~3개월마다 (    )

반 년마다 (    )    1년마다 (    )    그 외 (    )

아니오 → 언제부터 인쇄하지 않고 있는가?

_____

인쇄할 수 없었던 이유는?

_____

## 사진은 집안 어디에 있는가? (해당 사항에 ○표 하세요.)

서랍 (    )    벽장 (    )    디지털 카메라 (    )    휴대폰 (    )

컴퓨터 (    )    SD카드 (    )    그 외 (    )

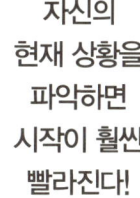

자신의 현재 상황을 파악하면 시작이 훨씬 빨라진다!

### 지금까지 만든 앨범의 수는?

- _____ 권
- 누구의 어떤 앨범인가? _____
- 현재 그 앨범은 어디에 있는가? _____
- 계속하고 있는가? 계속하지 않는다면 그 이유는?
  _____

### 다른 사람에게 받은 사진은 어떻게 정리하고 있는가?

_____
_____
_____

### 사진을 정리하는 데 어려운 점은 무엇인가?

_____
_____
_____
_____

간단하고 쉬워서 지속할 수 있는

## 이것이 우리집 앨범!

기본 규칙 3가지!

## 1년에 앨범 1권

사진을 꽂기만 하면 되는 포켓 앨범에 가족의 1년치 사진을 다 수납한다. 앨범을 고를 때는 다소 거칠게 다뤄도 사진이 빠지지 않는 것, 아이들이 그림책처럼 가볍게 넘겨 볼 수 있는 것을 고른다.

## Rule 2
### 1달치 사진을 단 2페이지에

앨범의 펼친면(2페이지)에 1달치 사진을 담는다. 기념일이나 여행 등 가족 이벤트가 있을 때는 페이지 수를 늘리고, 타인에게 받은 사진은 앨범 뒷장부터 수납한다.

## Rule 3
### 육아 카드도 함께 넣는다

사진마다 엄마의 마음을 남길 수 없으므로 그 달에 아이가 어떤 모습이었는지 등을 적은 육아 카드를 앨범의 맨 위칸에 넣는다. 기록할 양이 적어 부담이 없고 기억하기엔 적당한 양이라 오랫동안 지속할 수 있다.

## 바쁜 엄마들의 고민을 한방에 날려주는 앨범 만들기 노하우!

사진 정리법 세미나에 참가한 분들과 블로그 독자가 고백하는
'앨범 만들 때 가장 고민되는 5가지'와 그 해결책을 살펴보자.

# Q 「조금씩 미루다 보니 어느새 다섯 살!」

### 만들어주고 싶지만 바쁘고 귀찮다

원래 귀찮은 걸 싫어하고 게으른 타입이라 조금씩 미루다 보니 몇 년의 시간이 훌쩍 흘러가 버렸다.

### 둘째가 태어난 뒤부터 모든 게 멈췄다

첫째아이 때는 사진마다 코멘트를 달고 스티커도 붙여 예쁜 앨범을 만들어 주었다. 하지만 둘째가 태어난 후 사진 정리는 꿈도 꾸지 못한다.

### 더 좋은 방법을 고민하는 동안 아이가 커버렸다

'이런 방법은 어떨까', '저런 방법은 어떨까?' 하고 더 완벽한 방법을 찾는 동안 어느새 아이는 다섯 살이 되어 버렸다.

## 행동을 가로막는 이유들

아이 앨범을 만드는 데 가장 큰 장애는 '내 아이를 위해 최선을 다하고, 최고의 것을 해주고 싶다 → 너무 바빠서 할 수 없다 → 실천하지 못하는 나 자신이 싫다'는 과정의 악순환이다. 하기 싫어서 안 하는 게 아니라 오히려 잘 하고 싶은 의욕이 너무 과해 행동하지 못하는 경우다. 또한 '모든 아이에게 평등하게' 또는 '단순히 사진만 붙이는 앨범은 평범해서 싫다'는 생각도 실천을 가로막는 걸림돌이다. 때론 '엄마가 내게 멋진 앨범을 만들어 주었듯 내 딸에게도 그렇게 해주고 싶지만 손도 대지 못하고 있다. 왠지 딸에게 죄를 짓는 기분이다.'고 고백하는 사람도 적지 않다. 앨범 만들기는 어떻게 보면 사소한 행위지만 추억뿐 아니라 여러 감정을 포함한 작업이라 자칫 너무 많은 의미를 부여하면 잔뜩 힘만 들어가고 실제로는 시작조차 못 할 수 있다.

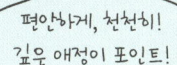
편안하게, 천천히!
깊은 애정이 포인트!

# A 「완벽하려는 생각을 버려라. 느슨해야 계속할 수 있다!」

### 포켓에 넣기만 하면 끝!
### 콜라주는 계속하기 어렵다.

오리고 붙이는 콜라주는 멋은 있지만 시간 여유가 없으면 계속할 수 없다는 단점이 있다. 그저 꽂기만 하면 되는 포켓식의 단순하고 간편한 방식을 추천한다.

### 1년에 앨범 1권이면 OK

1년치 사진을 앨범 1권에 정리한다는 룰을 정하자. 일단 원칙을 정했다면 이후는 복잡하게 생각할 필요가 없다. 그저 포켓에 사진을 꽂기만 하면 끝!

**단순하고 간편해서 누구라도 따라할 수 있다!**

이 방법의 최대 장점은 게으른 엄마 아빠도 얼마든지 계속 할 수 있다는 점이다. 섬세하지 못한 사람도 오래 지속할 수 있다. 사진 하나 하나에 코멘트를 달거나 추억을 곱씹을 만한 방식으로 앨범을 만드는 일은 분명 즐겁다. 하지만 장담컨대 절대 오래가지 못한다. '1년에 앨범 1권' 방식을 추천한다.

먼저, 매월 앨범에 꽂을 11장의 사진을 골라 앨범에 꽂기만 하면 1년에 1권의 앨범이 완성된다. 이렇게 하면 한 해의 시작과 끝이 구분되고, 분량도 적절하다. 하지만 지나치게 원칙을 중시해 사진 양을 꼭 맞출 필요는 없다. 중요한 것은 편안하게 지속할 수 있는 마음가짐이다.

사진 정리, 고민 해결!

# Q

「아이마다 개별 앨범을
만들어 주는 게 좋을까요?」

만들기 전부터 고민된다

아이마다 각자의 앨범을 만들어줘야 할까? 지금은 아이가 하나라 걱정 없지만, 앞으로 동생이 생기면 어떻게 할까? 둘이 찍은 건 어디에 꽂지? 이런 고민 때문에 시작조차 못하고 있다.

아이마다 앨범을 만들어 봤지만
도중에 포기했다

"이 사진은 언니가 잘 나왔어." "이건 동생이 예쁘게 나왔네." "이것은 우리 둘 다 예쁘네." 아이들이 나누는 대화를 들으면서 머릿속은 점점 더 혼란스러워진다.

**형제별 앨범 만들기의 한계**

'지금 둘째를 임신 중인데, 둘째가 태어나면 앨범을 똑같이 만들어줘야 할까요?'
앨범을 만들기 전부터 시작되는 온갖 고민들이 있다. 아이들 각자에게 앨범을 만들어줄 경우, '사진을 몇 장씩 주문해야 하지?' '둘이 함께 찍은 사진을 어느 앨범에 넣어야 하지?' '매번 사진을 두 개씩 뽑아야 하나?' 등의 고민을 하느라 머리가 복잡하다.
실제로 아이마다 개별 앨범을 만들어주는 일은 엄마에게 꽤 고단한 일이다. 첫째는 그렇다고 치고 둘째, 셋째로 갈수록 몇 배의 시간과 노력이 필요해지기 때문이다. 이러면 중간에 포기하기 쉬운데, 그런 사태를 막기 위해 엄마는 더 스트레스를 받고, 더 눈물겨운 노력으로 앨범에 집착하게 된다. 하지만 현실적으로 아이들 각자에게 개별 앨범을 만들어주기란 결코 쉽지 않다.

# A

「형제라도 1년에 앨범 1권」

### 아이마다 개별 앨범을 만들어주는 엄마는 별로 없다

자녀마다 각자의 앨범을 남겨주고 싶은 것이 부모의 마음이다. 하지만 막상 사진을 몇 개씩 정리하다 보면 중간에 혼란에 빠져 포기하거나 좌절하게 된다.

### 복제는 언제든 가능하다!

"이 사진을 갖고 싶어." "나도 앨범 만들어줘." 아이가 이런 요구를 해올 때를 대비해 데이터는 CD에 굽거나 외장하드에 저장해둔다. 언제든 복제할 수 있어 안심이 된다.

**사진 데이터만 있다면 문제없다!**

세미나를 하면서 "아이마다 개별 앨범을 만드는 걸 몇 년 동안 지속했는가?"라는 조사를 한 적이 있다. 놀랍게도 3년 이상 꾸준히 계속하는 사람은 단 한 명도 없었다. 그래서 나는 우선 '꾸준히'라는 부분에 방점을 찍고 '형제, 자매라도 1년에 1권'이라는 원칙을 정했다. 사실 아이가 둘이라고 했을 때, 두 아이가 어른이 될 때까지 앨범을 보관할 수 있는 공간이 집안에 있는지도 의문이다. 몇 년만 지나도 앨범을 수납할 장소가 협소해질 수 있기 때문이다.

한편으론 아들이 결혼할 때 '엄마의 육아 카드가 들어간 앨범을 10권이나 가져간다고 하면 며느리가 과연 달가워할까?' 하는 생각도 든다. 그래서 나는 지금 만드는 10권의 앨범은 딸아이에게 줄 생각이다. 아들은 집에 있는 '미니 앨범'을 보면 되지 않을까?

사진 정리, 고민 해결!

# Q

「인쇄할 사진을
선택하는 기준이 있나요?」

뭘 선택할지 몰라
사진 양만 많아져요…

많은 사진 가운데 어떤 사진을 선택할까? 그 판단 기준이 모호하면 비슷한 사진만 많이 뽑게 되어 결국 양과 비용만 늘어난다.

프린터기 앞에서 사진을 고르면
시간 낭비

어떤 사진을 프린트 할지 정하지 않고 사진관에 가면 몇 개의 사진을 고르는 데만도 서너 시간이 훌쩍 지나가버려 예상보다 훨씬 많은 시간을 낭비하게 된다.

**사진 고르기는 누구나 어렵다**

디지털 카메라는 메모리 용량만 충분하다면 제한 없이 사진을 찍을 수 있다. 컴퓨터에도 데이터를 하염없이 저장할 수 있어 나중에 보면 엄청난 양의 데이터가 쌓여 있곤 한다. 그래서인지 "사진이 너무 많아 어떤 사진을 골라야 할지 모르겠다." "고르는 것 자체가 스트레스여서 결국 포기하고 컴퓨터를 꺼버렸다."는 사람들이 많다. 사진을 다 인쇄한 후에도 고민은 계속된다. "고르다 보니 죄다 웃는 사진이라 보기에 지루하다."거나 "이쁜 사진을 모두 인쇄했더니 1년치 사진이 5권 분량이나 된다." "고르고 골라 이쁜 앨범을 샀는데 무겁고 수납할 곳도 부족하다." 등 다양한 시행착오를 거친다.

# A

## 「1달에 딱 11장만 고르자!」

앨범을 다시 펴보기에 딱 좋은 양!

**쉬운 원칙을
정하는 게 관건**

먼저 '1달에 사진 11장'이라는 원칙을 정하자. 어느 정도의 제약이 있어야 계속 할 의욕도 생긴다.

**막상 해보면
1달에 11장도 많다!**

어떤 사람들은 1달에 11장이면 너무 적다고 투덜댄다. 하지만 직접 하다 보면 오래오래 남기고 싶은 사진은 의외로 적다는 것을 실감하게 된다.

자세한
내용은
58쪽으로

**남는 사진은 미니 앨범에**

아이의 작품이나 장난감, 연속해 찍어 비슷한 사진 등 굳이 L판으로 인쇄할 정도는 아니지만 남겨두고 싶은 사진은 미니 앨범에 담으면 된다.

**익숙해지면 단 5분 만에 고를 수 있다!**

사진을 선별하기 앞서 '지난 사진 중 딱 11장만 선택하겠다'고 마음을 먹으면 생각보다 쉽게 사진을 고를 수 있다. 이렇게 몇 번 익숙해지다 보면 단 5분 만에 선별 작업을 끝낼 수 있다. 1달에 11장이라는 사진의 숫자는 자칫 별 의미가 없어 보이지만 사실 매월 지속하기에 적지도, 넘치지도 않는 양이다. 게다가 다시 펼쳐볼 때도 지루하거나 부족하지 않은 양이다. 특별히 이벤트가 있는 달에는 앨범 면을 두 배로 늘려 그 면을 이벤트 사진만으로 꾸며도 좋다. 인쇄하고 싶은 사진이 너무 많을 때에는 '미니 앨범'을 만들기를 권한다. '미니 앨범'은 58쪽 참조.

사진 정리, 고민 해결!

# Q

「육아 일기를 쓰고 싶다.
그런데 계속 쓰기 힘들다」

| 일기를 펼치기도 귀찮다 | 수첩이나 노트, 스마트폰에 해놓은 메모는 무용지물 | 스마트폰에 남기면 아이와 함께 볼 수 없다 |

매일 거듭되는 집안일에 치여 육아 일기는 펼칠 시간조차 없다. 차츰 '될 대로 되라'는 식으로 방치하고 있다.

생각날 때마다 여기저기 적어둔 메모는 필요할 때 찾기도 어렵고 정리도 불가능해 점점 쓸모가 없어진다.

스마트폰 육아 일기는 편해서 이용하기 쉽다는 장점이 있다. 하지만 아이와 공유할 수 없고 어린 아이에게 스마트폰을 보여주는 데도 한계가 있다.

**육아 일기를 꾸준히 쓰는 사람은 매우 드물다**

'드디어 몸을 뒤집었다.', '분명 아빠라고 말했다.'… 아이의 자잘한 일상과 성장 과정을 적어 놓는 육아 일기는 아이가 어릴 때는 비교적 잘 유지해 나간다. 하지만 앨범 정리가 그렇듯 시간이 지나고 생활이 바빠질수록 소홀해지거나 뒤로 밀리기 쉬워 아이가 서너 살 때까지 꾸준히 육아 일기를 쓰는 엄마는 거의 없다. "처음 몇 달 쓰긴 했는데, 마지막이 언제인지도 까마득하다." "생각날 때마다 띄엄띄엄 적어뒀지만 어디 뒀는지도 모르겠다." "스마트폰 육아일기를 쓰고 있는데, 나중에 어떻게 아이에게 보여줄지 걱정된다."는 의견이 가장 많았다.

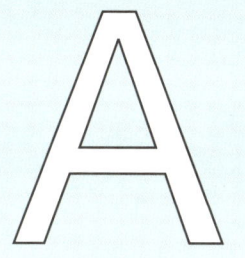

# 「매월 1장의 육아 카드, 이런 장점이 있다!」

계속 할 수 있는 방법이 있다!

**매월 1장의 카드, 육아 일기를 대신해준다**

사진마다 일일이 코멘트를 달기는 불가능하다. 이 카드에 손글씨로 육아 일기를 쓰면 좋다. 작은 크기의 카드라 쓰는 양도 부담이 없다.

**카드 타입이라 아빠도 쉽게 글을 남길 수 있다**

냉장고에 육아 카드를 붙여두면 오갈 때마다 눈에 잘 띄어 늦은 시간 들어온 아빠도 글을 남길 수 있다. 그 카드를 그대로 앨범 포켓에 넣으면 끝.

**아이와 다시 보며 즐길 수 있는 분량**

그림책을 읽어주듯 아이에게 "이번 달에는 말이야…" 하고 카드를 읽어준다. 카드 1장 분량은 아이와 읽기에 딱 적당한 분량이다.

**카드식 육아 일기라 손쉽게 쓸 수 있다**

아무리 열정이 많은 사람도 육아 일기를 매일 쓰기란 어렵다. 그래서 생각해낸 것이 '1달에 1장'의 육아 카드다. 이 육아 카드는 매월 손쉽게 쓸 수 있다는 점이 포인트다. 카드는 하루에도 여러 번 여닫는 냉장고 문에 붙이거나 휴대용 수첩에 꽂아두었다가 시간이 날 때마다 짤막하게 기록하면 된다. 카드 크기는 사진과 같은 사이즈로 카드를 다 적은 후 앨범 포켓에 꽂으면 앨범 자체가 육아 일기장이 되는 셈이다. 사진과 함께 아이의 매달 성장 과정을 볼 수 있어 흥미롭다.

이렇게 해두면 아이와 함께 보기에도 적절하고, 아이들은 그림책처럼 "육아 카드 읽어주세요."라며 조른다.

사진 정리, 고민 해결!

# Q
「디지털 시대,
포토앨범이 낫지 않을까?」

### 출력 사진은 구시대의 유물인가?

간혹 친구들이 디지털 앨범을 만드는 것을 보면 옛날 방식의 사진 뽑기를 그만둘까, 하는 생각이 든다. 어떻게 하는 게 좋을까?

### 디지털 서비스가 많아 무엇을 선택할지 망설여진다

이것도 좋을 것 같고, 저것도 좋을 것 같아 보면 볼수록 선택이 망설여지는 디지털 서비스. 선택지가 너무 많아 볼수록 헷갈리고 고민된다.

### 서비스 업체마다 크기가 제각각이라 고민

인터넷으로 포토앨범을 주문할 경우 다양한 업체에 주문이 가능하다. 질은 모두 훌륭하지만 크기가 제각각이라 말끔히 수납하기 어렵다는 단점이 있다.

**디지털 사진만 보존하는 사람도 있다는데…**
요즘엔 사진 데이터만 보존하는 가정이 적지 않다. 거실에 걸어둔 가족사진으로 만족하거나 L판 사진은 구닥다리라는 생각에 몇 년간 인쇄를 하지 않는 사람도 많다. 한편으론 사진을 한 권의 책처럼 꾸미는 포토북도 유행하고 있다. 많은 업체에서 제공하는 다양한 서비스 덕분에 인기다. 하지만 이들 서비스는 페이지 수도 많고, 한 페이지에 담기는 사진 매수도 정해져 있지 않아 상황에 따라 들쭉날쭉하다는 단점이 있다. 경우에 따라 직접 편집을 해야 하는 불편함도 있다. 또한 업체마다 제공하는 사진 크기가 제각각이라 정리와 수납이 어렵다고 고충을 토로하는 사람들이 늘고 있다.

# A

「L판 사진이라면
언제 어디서든 OK」

집이나 인터넷, 편의점에서도 OK!

### 앨범으로 만들면 아이와 함께 사진 보기가 편하다

데이터만 저장해둔 상태라면 아이 혼자 사진을 볼 수 없다. 하지만 L판 사진이라면 아이가 손쉽게 볼 수 있다.

### 남에게 받은 사진도 함께 보관할 수 있다

친구에게 받은 사진, 유치원에서 주문한 사진은 아직까지 주로 L판 사이즈라 1년마다 꾸미는 정규 앨범에 함께 보관할 수 있다.

### 앨범엔 육아 카드를 남길 수 있다

1년 동안 찍은 사진을 넣는 앨범에는 손글씨로 쓴 육아 카드도 함께 넣을 수 있다. 엄마 아빠가 쓴 손글씨도 훗날 훌륭한 추억거리가 된다.

### L판 사이즈라면 10년 후에도 뽑을 수 있다

인터넷 서비스는 자주 바뀐다. 10년 후에도 같은 업체, 같은 서비스가 존재할지 알 수 없다. 하지만 전통적인 L판 사이즈는 안심하고 사진관, 집, 편의점, 인터넷 어디서든 뽑을 수 있다.

**가장 보편적인 L판 사이즈 사진이 최고다!**

최근 데이터 형태로 사진을 주고 받는 게 대세다. 사진을 인쇄하는 사람도 별로 없다. 이는 디지털의 큰 이점이라 할 수 있지만 데이터가 언제 사라질지 모른다는 불안감은 늘 존재한다. CD나 외장하드에 저장해둔 소중한 사진이 어느 날 모두 날아가버려 큰 낭패를 봤다는 사연도 심심찮게 들려온다. L판 사진은 이런 불안감을 원천봉쇄한다. 사진을 인쇄해 앨범을 만들어두면 컴퓨터가 망가지거나 데이터가 손상돼도 큰 걱정이 없다.
L판 사진이 특별히 좋은 점은 종이의 질감과 손글씨가 어우러져 앨범에 고스란히 그 당시의 분위기를 담을 수 있다는 데 있다. 할아버지부터 손주까지 폭넓은 세대가 이용할 수 있는 보편적인 사이즈가 바로 L판이다. 여기에 짤막한 손글씨가 더해지면 따스한 사랑까지 고스란히 전할 수 있다.

★L판 사이즈 : 흔히 3×5 사이즈로 불리며, 정규 사이즈는 89×127mm

## column 1

\ 40회 돌파! /
# 열렬한 호응 속에 진행되는 '아이 사진 정리법' 세미나

매회 매진 행진이던 세미나가 어느덧 40회를 돌파했다!
세미나 현장의 분위기와 함께 실제 세미나에서 오갔던 내용과 진행 방법을 소개한다.

a. 먼저 사진을 정리하는 방법을 꼼꼼히 설명한다.  b. 열심히 메모하는 참가자들.  c. 참가자들의 의견을 듣는 시간도 마련돼 있다.
d. 어린 자녀를 둔 엄마들이 모이니 자연스럽게 육아를 주제로 이야기꽃이 피어난다.
e. 좋은 앨범을 만드는 방식에 대해 서로 편안하게 정보를 나눈다.
f,g. 세미나가 마무리되면 차를 마시면서 편안한 시간을 보낸다. 비슷한 고민을 가진 엄마들은 쉽게 마음을 열고 금세 친구가 된다.

### '해야 하는데…'가 '하자!'로 바뀌는 순간

많은 분들의 격려와 성원에 힘입어 '아이 사진 정리법' 세미나가 40회를 넘겼다. 세미나는 일방적으로 나의 이야기를 들려주는 것이 아니라 참가자 다수가 서로의 고민을 털어놓고 공유하는 방식으로 진행된다. 그러다보니 '아, 나만 겪는 어려움이 아니구나.'라는 위안과 함께 안도감을 느끼는 사람들이 많다. 강좌가 중반을 넘기면 참가자의 눈빛이 반짝거리기 시작하는데 이때가 바로 "해야 하는데…"가 "하자!"로 바뀌는 순간이다. 처음엔 단순한 사진 정리법을 알기 위해 참가했다가 육아의 근본적인 의미에 대해 다시 고민하게 됐다는 분들도 많다. 그런 말을 들을 때마다 사진 정리가 주는 의미를 다시 한번 되새겨보게 된다. 최근엔 아이와 함께 참가할 수 있는 세미나도 열고 있다.

Chapter 2

# 나만의 특별한 앨범 만들기
## '노하우 공개!'

이번 장에서는 사진 정리, 인쇄, 육아 카드 작성, 앨범 선택,
사진 꽂기의 다섯 가지 과정을 소개한다.
실제 세미나 현장과 똑같은 순서와 방식으로, 이 과정을 따라하다 보면
묵혀둔 사진들이 멋진 앨범으로 재탄생하는 즐거운 체험을 하게 될 것이다.
말미에 미니 앨범을 만드는 방법도 소개한다.

# 먼저, 모든 사진을 정리한다!

본격적인 앨범 만들기에 앞서,
효과적으로 사진을 정리하기 위한 두 가지 주요 포인트를 소개한다.

## Point 1
## '버리는 것'부터 시작하지 않는다!

선택한다

마음에 드는 사진을 고르는 작업은 생각보다 즐겁다! 한정된 시간은 사진을 '고르는' 데 쓰자.

버린다

사랑스러운 아이 사진을 버리지 못하는 건 당연하다. 버리는 데 시간과 노력을 허비하지 말자.

**긍정적인 마음으로 하나씩 골라보자!**
사진을 정리할 때 기억해둘 첫 번째 포인트는, 사진을 '버리는' 것부터 시작하지 않아야 한다는 점이다. 엄청난 양의 사진 데이터를 보면 자연스럽게 '쓸데없는 것은 버리자.'고 생각하고 비슷한 사진을 비교하며 무엇을 버릴지 고민하게 된다. 하지만 초점이 흔들린 사진일망정 아이 사진은 쉽게 버리지 못하는 게 부모 마음이다. 최근 대용량 외장하드 등이 잘 나와 있으니 불필요한 데이터는 외장하드에 보관하면 된다. 아이 사진을 선택하는 시간은 즐거워야지 고통이 되면 안 된다. 사진 정리 작업을 보다 즐겁게 하기 위해서라도 '버리기'가 아닌 '선택하는' 것에 의미를 두자.

Point 2
# 최근 사진부터 시작하자!

최근 사진부터 정리한다

사진 정리는 가장 최근에 찍은 것부터 시작하자.
아직 기억이 선명하기 때문에 정리가 훨씬 쉽다!

태어났을 때 찍은 사진부터 정리한다

오래된 사진일수록 상태가 좋지 않고 양이 많다.
섣불리 시작하지도 못할뿐더러 몇 장 고르다가
포기하기 쉽다.

**최근 사진부터 정리해야 성취감도 커진다!**
두 번째 포인트는 '사진을 정리하는 순서'다. 사진을 정리하자고 맘 먹으면 상자에서 갓난아기 때 사진부터 꺼내는 사람들이 많다. 하지만 오래 된 사진은 기억이 잘 나지 않아 정리하기가 쉽지 않다. 반면 최근 사진은 어디서 무엇을 했는지, 어떤 상황이었는지 기억이 또렷해 정리하기가 쉽다. 따라서 사진 정리는 최근 것부터 시작하길 권한다. 그래야 만족감과 성취감도 커진다. 최근 것부터 시작해 정리에 조금씩 익숙해지면 조금씩 과거로 거슬러 올라가 옛 사진도 쉽게 정리할 수 있다.

# 사진 정리하는 순서

**인쇄한 사진 정리법**

인쇄한 사진이 뭉치째 서랍 속에서 잠자고 있지 않은가?
지금부터는 인쇄한 사진을 정리하는 순서에 대해 소개한다.
데이터 사진만 보관하고 싶은 사람은 다음 페이지로.

 **1 집안에 있는 모든 사진을 한 곳에 모은다**

사진을 정리하는 첫 단계는 일단 집안에 있는 모든 사진을 한 곳에 모으는 일이다. 비닐봉지나 파일에 든 사진, 거실 서랍장, 수납장, 아이 책상 속 등 온갖 장소에 흩어져 있는 사진을 모조리 꺼내 한 곳에 모으고, 그 총량을 파악한다.

 **2 연도별로 나눈다**

모은 사진을 연도별로 구분 상자를 준비해 사진을 나눈다. 상자는 사지 말고 적절한 것을 활용하면 된다. 상자 없이 테이블 위나 방바닥에서 분류하면 도중에 멈추기가 애매해지고 치우기도 쉽지 않다. 이때 사진에 빠져 추억에 잠기는 일은 금물, 일단 분류 작업에 몰두하자.

Work 1

// 포스트잇에 월을 적으면 구분이 쉽다. //

## ③ 다시 월별로 나눈다

연도별로 나눈 사진을 다시 월별로 나눈다. 이때도 최근 것부터 정리하면 진행이 빠르다. 포스트잇에 1월부터 12월까지 적고 그 아래에 사진을 놓는 식으로 구분하면 간단하다. 사진에 날짜가 없어 언제 찍은 것인지 애매할 때는 옷차림을 보고 대략적인 계절을 파악해 구분한다.

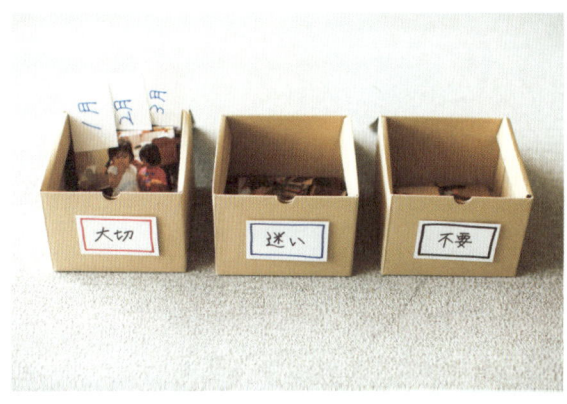

// 각 칸에 들어갈 사진 매수를 신경쓰다 보면 분류 작업이 더디기 때문에 느낌대로 구분하는 게 우선! //

## ④ '소중', '주저', '불필요' 3종류로 나눈다

이제 사진을 살펴보자. 남기고 싶은 사진은 '소중'이라고 적은 상자에, 버리긴 아깝지만 앨범에 넣기에도 애매한 사진은 '주저'라고 적은 상자에, 필요하지 않은 사진은 '불필요'라고 적은 상자에 넣어 구분해두자. '소중'한 사진은 다시 월별로 나누고 ③의 포스트잇을 붙여둔다.

### 앨범으로

사진 데이터를 보존하지 않는 사람은 이 사진을 그대로 앨범에 꽂는다. 사진 데이터도 있는 사람은 모든 정리가 끝날 때까지 상자에 넣어둔다.

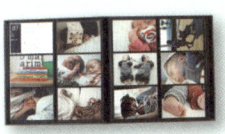

### 상자에 넣는다

먼지가 쌓이지 않도록 상자에 넣어 적절한 곳에 수납한다. 몇 년이 지난 후 다시 봤을 때도 불필요하다면 그때 처분해도 늦지 않다.

### 처분한다

과감하게 처분한다. 그대로 버리는 게 신경 쓰인다면 자르거나 절단기로 분쇄한 후 버린다.

## ⑤ 분류에 맞게 처리한다

사진을 3개의 상자로 분류했다면, '소중'에 담긴 사진은 앨범에, '주저'에 담긴 사진은 상자에 넣어 보관한다. 나머지 '불필요'에 담긴 사진은 처분하면 된다. 일단 여기까지 했다면 나머지 작업은 누워서 떡먹기다!

# 사진 정리하는 순서

## 디지털 사진 정리법

컴퓨터나 스마트폰, 외장하드에 데이터를 보존하는 방법은 편리하지만, 어느 매체에 얼마만큼의 데이터가 들어 있는지 한눈에 알기 어렵기 때문에 전체 분량을 파악할 수 없다. 쉽고 간편한 데이터 정리법을 소개한다.

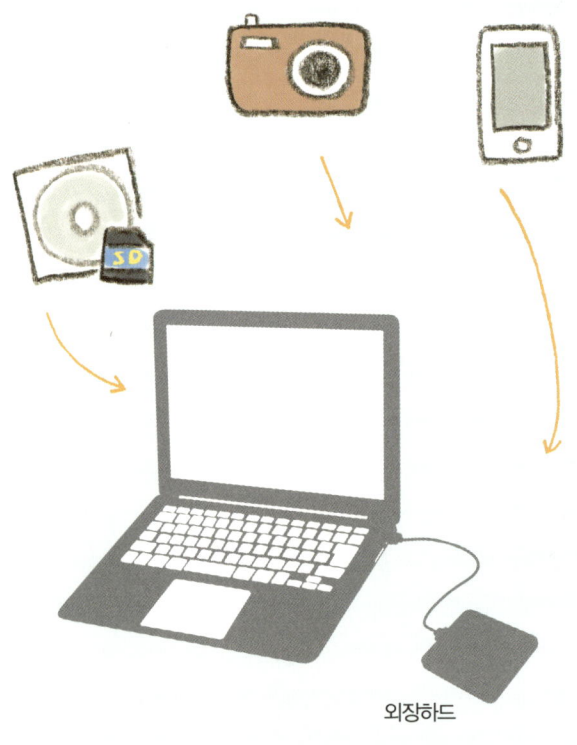

외장하드

### ① 사진 데이터를 한 곳에 모은다

컴퓨터, 부부의 스마트폰, 디지털 카메라, SD카드, SNS 등 각 매체에 있는 모든 데이터를 한 곳에 모은다. 컴퓨터에 넣으면 용량을 많이 차지하기 때문에 외장하드에 넣어서 정리하는 방법을 권한다.

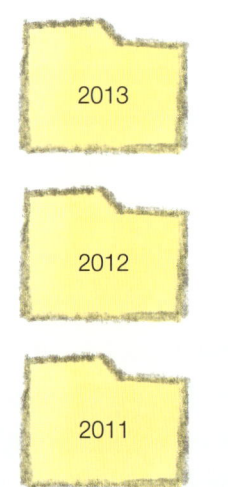

### ② 연도별로 폴더를 만들고 구분한다

기본 원칙은 인쇄한 사진을 정리하는 방법과 같다. 컴퓨터에 폴더(=상자)를 만들어 구분한다. ①의 데이터를 연도별로 나눈다. 촬영 매체가 달라도 '촬영 날짜별 정렬' 기능을 사용하면 자동정렬 된다.

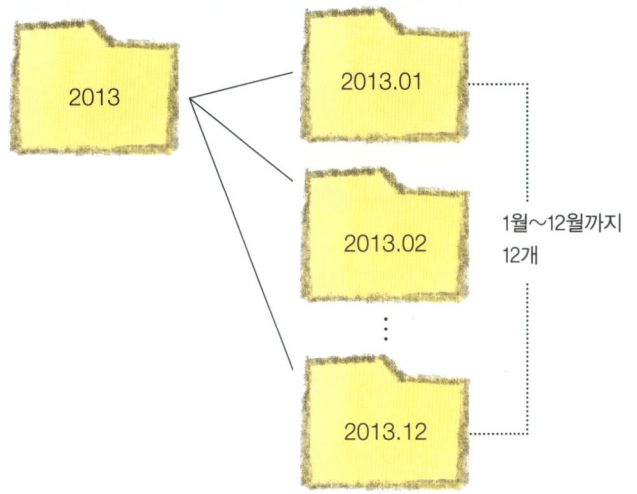

### 3 월별로 폴더를 만든다

연도별로 구분만 해도 충분하지만 좀더 세밀하게 월별 폴더를 만들어보자. 연도별 폴더 안에 다시 1월부터 12월까지의 폴더를 12개 만든다. 폴더명은 ２０００년 ０월로 하면 한눈에 알 수 있다.

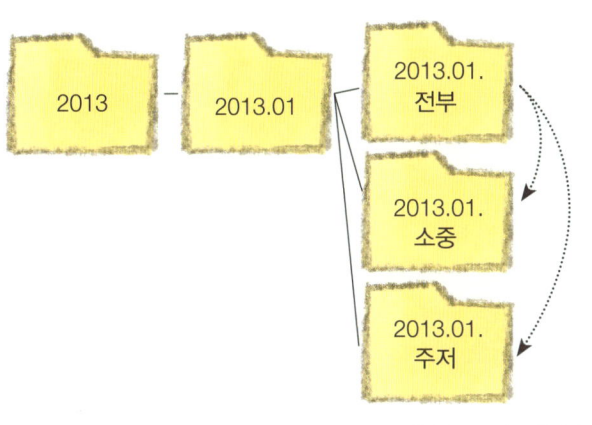

이때 '이동'하지 말고 '복사'해야 원본이 보관된다.

### 4 '전부', '소중', '주저' 3종류로 나눈다

프린트 사진의 '불필요' 폴더 대신 모두 저장한다는 의미의 '전부' 폴더를 만든다. '소중'으로 분류한 사진은 기본적으로 매달 11장을 골라 인쇄한 후 앨범에 넣고, 인쇄할 정도는 아니지만 남기고 싶은 사진은 '주저' 폴더에 보낸다. 폴더에 연도와 월을 기입해두면 찾기 쉽다.

↓ ↓ ↓

**컴퓨터나 외장하드에**

외장하드에 정리하는 경우는 그대로 보관하고 컴퓨터 용량이 적다면 그에 맞게 조절해 보관한다.

**L판 크기로 인쇄한 후 앨범에 넣는다**

인쇄는 3~4개월마다 한 번꼴이 적당하다.

**미니 앨범으로 만든다**

연말에 '소중'과 '주저' 폴더에 있는 사진을 합쳐 미니 앨범으로 만든다(자세한 내용은 58쪽 참조).

 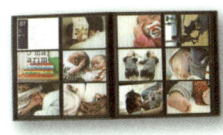 

### 5 각각의 분류에 따라 처리한다

'전부', '소중', '주저' 폴더에 사진을 구분해 넣었다면, 그림처럼 각각의 분류에 맞게 작업하면 된다. '1년에 앨범 1권' 원칙에 맞춰 앨범을 만들지 않는 사람이라면 '주저' 폴더를 만들지 말고 '전부'와 '소중'으로만 분류해도 된다.

# 복잡한 사진 데이터, 이렇게 정리한다!

촬영한 사진을 컴퓨터나 스마트폰에 자동 전송해주는 SD카드, 컴퓨터의 엄청난 데이터를 따로 저장할 수 있는 외장하드 등 최근에는 편리한 제품이 많다. 지금부터는 내가 주로 애용하는 방법을 소개한다.

### 자동전송 기능이 있는 SD카드

내가 사용하는 것은 WiFi 내장의 SD카드, Eye-Fi카드다(사진 속 제품은 더 이상 생산되지 않는 것으로 현재는 'Eye-Fi Mobi'를 사용한다). SD카드는 사진을 실시간으로 다운로드해주기 때문에 카드를 넣다뺐다 하는 번거로움을 줄일 수 있다. 어플리케이션을 인스톨하면 찍은 사진을 스마트폰이나 태블릿에서 바로 볼 수 있다.

컴퓨터에 SD카드를 꽂는다!

사진을 찍으면 자동적으로 데이터가 컴퓨터에 저장된다!

### 외장하드(HDD)

원래 HDD란 컴퓨터 본체에 내장된 기억장치를 말하지만 사진과 같은 외장하드는 대용량 데이터를 저장할 수 있다. 내 것은 포터블 타입으로 '버팔로'의 HD-PCT1TU3-WJ. 현재는 아쉽게도 판매하지 않는다.

# 사진 인쇄는 이렇게!

1년에 앨범 1권, 여기에 어떤 사진을 넣을지 데이터 선택을 마쳤다면 다음은 인쇄다! 사진관에 맡길지, 온라인으로 주문할지, 얼마나 자주 뽑을지 등에 대해 자신만의 원칙을 정해두면 지속적으로 할 수 있다.

### 온라인을 추천한다

사진을 인쇄해 줄 업체와 서비스를 정한 다음 컴퓨터에 즐겨찾기를 해두면 이후 주문은 훨씬 수월하다. 온라인은 집이 아닌 곳에서도 접속이 가능하다는 장점도 있다. 나는 고화질에 가격도 저렴한 '라쿠텐 사진관'을 애용하는데 할인 이벤트를 적극 활용한다.

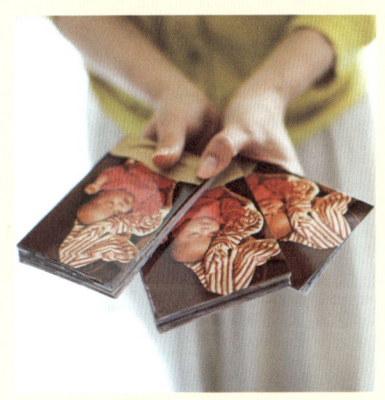

### 같은 사진을 3장씩 인쇄한다

나는 양가 부모님 댁에 각각 1장씩, 우리집 앨범에 넣을 사진 1장, 이렇게 3장씩 인쇄한다. 사진을 받은 부모님이 무척 기뻐하고 갈 때마다 사진을 함께 보는 재미도 여간 아니다. 또 같은 사진을 3장씩 인쇄해두면, 뜻밖의 자연재해나 화재로 사진 하나가 소실되어도 안심할 수 있다.

### 인쇄는 3~4개월에 한 번 정도가 적절

명절, 어린이날, 여름휴가 등 평소보다 사진을 많이 찍는 달은 그때마다 인쇄한다. 대개 3~4개월에 한 번꼴이다. 언젠가 사진 인쇄를 6개월쯤 밀린 적이 있는데, 점점 기억이 가물가물해지며 정리가 쉽지 않았다. 인쇄 간격은 3~4개월에 한 번씩이 좋다.

# 육아 카드 직접 만들기

육아 카드는 포토샵이나 일러스트레이터로도 얼마든지 만들 수 있지만,
나는 컴퓨터에 서툴러서 엑셀로 만들어 쓰고 있다! 한번 만들 때 6개월분을 한꺼번에 만든다.

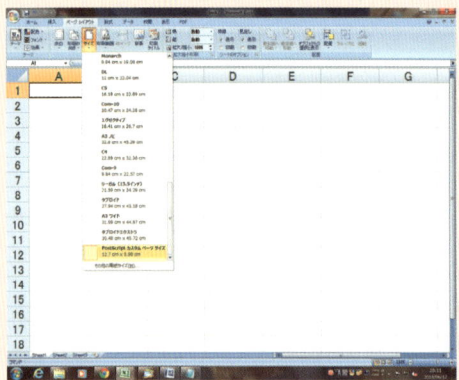

## 1
### 엑셀로 페이지를 설정한다

컴퓨터 버전이나 프린터에 따라 조금씩 다르지만, 엑셀을 열고 페이지 설정에서 세로 89×가로 127mm(L판 크기)로 크기를 설정, 인쇄 방향은 가로, 여백 없음을 선택한다. 다른 사이즈를 원한다면 원하는 용지 사이즈를 설정하면 된다.

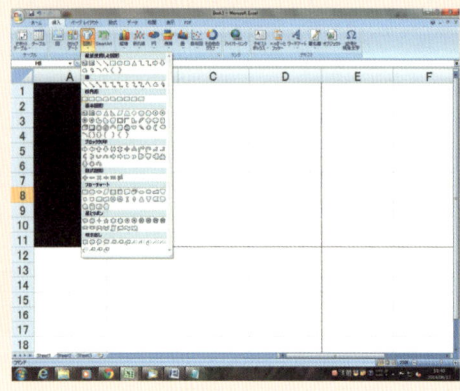

## 2
### 사각을 삽입하고 검정색으로 만든다

이 표시명도 컴퓨터 버전마다 다른데, 일반적으로 삽입 ▶ 도형 (또는 오토쉐이프) ▶ 사각을 선택하고 전체 4분의 1 정도의 크기로 키운다. 마지막으로 그 선택 범위를 검게 칠한다.

\ 이렇게 /

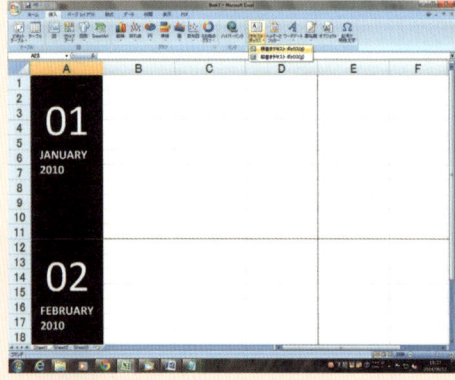

## 3
### 해당 월과 연도를 삽입한다

문자를 삽입한다. 검은 사각형 위를 클릭하면 텍스트 박스가 나타나는데, 흰색 글자로 숫자나 문자를 입력한다. 서체와 크기는 원하는 대로 하면 된다.

Work3

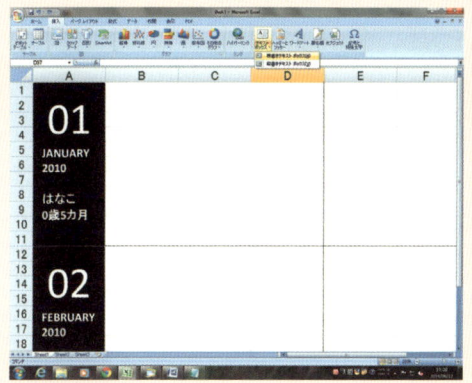

## 4
### 아이의 이름과 월령을 입력한다
카드에 연도와 월 외에 아이의 이름과 월령을 입력해두면 나중에 사진을 보면서 쉽게 기억해낼 수 있다. 이름과 월령의 글씨 크기는 원하는 대로.

## 5
### 인쇄한다
L판 사이즈 사진 용지에 인쇄한다. 인쇄 사진 용지를 선택하고 'OK'를 누르면 끝! 참고로 나는 캐논 프린터를 사용 중이다.

\ 추천해요! /

**한꺼번에 6개월분을 출력해 놓자.**
이후엔 아이의 월령만 바꾸면서 복사 & 붙이기를 하면 된다. 한꺼번에 만들어두면 편리하다.

---

## 그것마저 귀찮은 분들을 위한 팁!

엑셀이 서툴거나 프린터가 없는 분들, 만들 시간이 없는 분들을 위해 직접 만든 육아 카드도 판매한다. 12장의 월별 카드와 3장의 이벤트 카드가 한 세트. 글자가 잘 써지는 용지를 사용했다.

★L판 사이즈 15매 / 나카바야시 판매

\ 직접 만들었습니다! /

# 육아 카드 작성하기

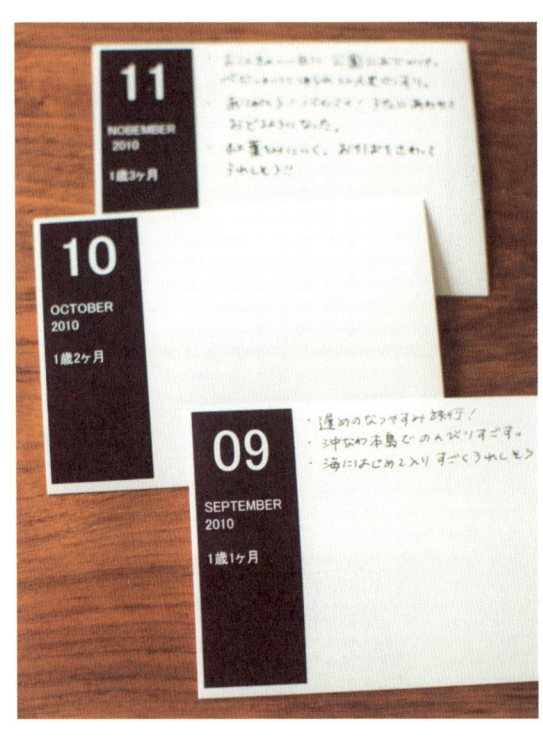

**매월 꽉꽉 채워 쓸 필요가 없다**

생활하다 보면 눈깜짝 사이에 한 달이 지나가 버린다. 나도 어쩌다 보니 몇 달씩 육아 일기를 못 쓰고 보낸 적도 있다. 그 후론 의식적으로 3개월을 넘기지 않으려고 애쓴다. 완벽하지 않아도 좋으니 부담을 버리고 단 몇 줄이라도 써보자.

**평소 눈에 잘 띄는 곳에 두자**

육아 카드는 갖고 다니거나 눈에 잘 띄는 곳에 붙여두고 평소에 쓰는 것이 좋다. 이동할 때나 자투리 시간이 생길 때 적을 수 있어야 잊지 않는다. 또 냉장고처럼 온 가족이 매일 사용하는 곳에 붙여 틈틈이 적어보자. 늦게 귀가한 남편이 냉장고에 붙은 카드를 읽고 아이들이 어떤 시간을 보내고 있는지 알 수 있는 것도 장점.

**가능하면 긍정적인 내용을 적는다**

육아 카드는 아이가 커 글자를 읽게 되었을 때, 엄마랑 아빠가 자신을 어떤 마음으로 키웠는지 알 수 있는 기록이다. 따라서 카드에는 가능한 '○○를 해낸 순간'이나 사랑스러운 모습 등 긍정적인 내용이 좋다. 단, 아팠거나 병원에 입원했던 일 등은 간략하게 기록해두자.

# 육아 카드 활용법 · 응용하기

### 다양한 색상

육아 카드를 매월 기록하기 힘든 사람은 아예 육아 카드 쓰기를 포기하고, 연도와 월만 간략히 적은 색인 카드를 꽂는 것도 방법이다. 매달마다 색을 달리하면 활력이 넘치고 앨범이 화려해진다.

### 손글씨

카드를 인쇄하는 게 번거로운 사람은 손글씨로 써도 좋다. 색지를 앨범 크기로 자르고, 사진처럼 연도와 월을 손글씨로 적은 종이를 붙이면 깜찍한 색인 카드 완성! 카드는 만드는 사람의 취향에 따라 자유자재로 응용할 수 있다.

### 마스킹 테이프

요즘은 시중에 꾸미기 쉽고 예쁜 색깔의 마스킹 테이프가 다양하게 나와 있다. 사진처럼 L판 사이즈 용지에 마스킹 테이프를 붙이고 해당 월만 적으면 나만의 카드가 완성된다. 종이나 스티커로 개성에 맞게 콜라주를 해도 좋다!

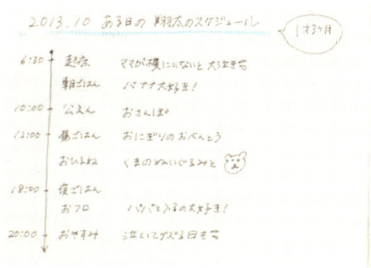

### 하루 일과를 적는 것도 추천!

매월 쓰는 육아 카드와는 별도로 '어느 하루의 일과'를 적어 앨범 포켓에 꽂아두는 것도 좋은 방법이다. 아침 공원 산책, 2시간 낮잠 등 지극히 평범한 일상도 나중에 보면 좋은 추억이 되고 신선하게 느껴진다.

# 좋은 앨범의 3가지 조건

시중에는 형태, 크기, 디자인 등이 다양한 앨범들이 판매되고 있다.
그래서인지 내게 맞는 앨범을 고르는 일이 즐거움은커녕 스트레스가 될 수 있다.
내가 생각하는 앨범의 3가지 조건과 추천 앨범을 소개한다.

### 조건 1
### 아이 혼자서 들 수 있을 만큼 가벼운 것

앨범이 너무 무거워 아이가 혼자 꺼내거나 들 수 없다면 의미가 없다. 붙박이 장식품으로 만들고 싶지 않으면 아이가 쉽게 넣고 뺄 수 있는 가벼운 앨범을 선택하자.

### 조건 2
### 수납에 낭비가 없는 사이즈

앨범은 한두 권으로 끝날 게 아니기 때문에 수납할 장소도 중요하다. 수납 장소를 정한 후 그곳의 높이와 넓이를 고려해 사이즈를 선택하자. A4 사이즈가 무난하다.

### 조건 3
### 너무 두껍지 않은 것

앨범은 1년에 1권, 적어도 10년간 만들 목표이기 때문에 결과적으로 앨범의 두께×10에 해당하는 공간이 필요하다. 앨범이 두꺼우면 공간을 지나치게 차지하기 때문에 처음부터 ×10을 염두에 두고 선택하자.

\ 케이스도 있다 /

### 검은 대지 앨범

나카바야시의 '포토그래피리아' 시리즈는 표지가 가벼워 손쉽게 가지고 다닐 수 있다. 무엇보다 사진이 돋보이는 검정색으로 L판 사이즈 사진이 3단, 2열로 배열되어 있어서 240매나 들어간다. 두께도 22mm로 매우 얇은 것이 장점. 포토그래피리아 PH6L-1024-D(블랙) 모델.

*아마존재팬, 라쿠텐 등에서 판매

Work4

\ 연도를 적는다! /

\ 부드러운 분위기의 패브릭 소재 /

/ 내가 기획해 제작한 상품이다. \

### 나카바야시×Emi의
# 나카바야시 앨범

고급스러운 회색 천으로 제작돼 인테리어 용으로도 손색없는 앨범이다. 사진을 붙일 종이에는 사진이 떨어지지 않도록 특별 처리되어 있다. 나카바야시의 앨범을 사용한 것이 인연이 되어 내가 직접 기획, 제작했다. 속지는 권두와 권말이 있는 것 외에는 46매짜리와 같은 사양으로, 앨범을 펼치면 왼쪽과 오른쪽 페이지에 12개의 포켓이 있다.
Year Photo Album / 나카바야시 판매

### 큰 포켓이 있다!

권말에는 큰 포켓을 달아 크기가 큰 사진이나 CD, 신문도 넣을 수 있다. 두께 25mm로 얇은 점도 매력적.

## 깊지 않은 책꽂이엔 하프 사이즈를!

깊이가 얕은 책장에 수납하는 경우에는 사진처럼 펼친 두 면에 사진 6장이 들어가는 앨범을 추천한다. 앨범이 작기 때문에 한달치를 2쪽(총 6개 분량)으로 정하면 문제 없다. 포트그래피리아(l 판 사이즈 240장, 두께 35mm) PHL-1024-D(블랙) 모델 / 나카바야시 판매

\ 폭이 좁다 /

\ 얇아서 좋다! /

### 얇은 것이 장점!
## 무인양품의 다양한 앨범

무인양품의 앨범은 심플하고 손에 쏙 들어온다. 사진을 전부 포켓에 넣어도 15mm 안팎으로 두께도 매우 얇다. 포켓이 개량되어 사진도 잘 흘러내리지 않는다. 폴리프로필렌 포켓 앨범 264매용 / 무인양품 판매

# 자, 이제부터 앨범에
# 사진과 육아 카드를 넣어보자!

드디어 마지막 단계다! 미리 준비해 놓은 앨범에 인쇄한 사진과 육아 카드를 차근차근 꽂아보자.
꽂을 때는 최근 것부터. 여기까지 왔다면 완성은 코 앞이다. 힘내자!

**총정리** 기본적인 사진 정리법

- Rule1  1년에 앨범 1권
- Rule2  1달치 사진 11장을 펼친면(2페이지)에 넣는다.

- Rule3  왼쪽 맨 위에는 육아 카드를 꽂는다.

## 하지만…
## 반드시 이 룰을 지킬 필요는 없다

상황에 따라 '소중'으로 분류한 사진이 11장이 되지 않는 경우도 생길 것이다. 그럴 때는 억지로 11장을 채우기보다 새 달이 시작되는 페이지의 첫 포켓에 육아 카드를 넣으면 매달이 자동으로 구분된다. 또 사진처럼 한 달에 1페이지(사진 5장과 육아 카드)도 구성하는 것도 좋다. 중요한 것은 자신에게 맞는 방식을 선택하는 것이다.

\ 이렇게 1달을 1페이지로 꾸며도 좋아요! /

## Work5

 앨범 뒷면에는 이런 걸 넣는다!

### 1 CD

사진 데이터는 대용량 외장하드에도 보관하지만, 혹시 모를 데이터 손상을 대비하여 CD에도 저장하여 앨범 포켓에 넣어둔다. 그 앨범에 있는 사진 데이터만 담기 때문에 복사할 때도 수월하다. CD에는 유성매직으로 해당 년도를 적어 구분한다.

### 2 큰 사진

L판 사이즈 포켓에 넣을 수 없는 큼지막한 사진이나 유치원에서 찍은 단체사진, 사진관에서 찍은 가족사진 등은 권말 포켓에 넣는다. 앨범에 큰 포켓이 없는 경우에는 사진처럼 미니 앨범을 끼워두자.

### 3 기념할 만한 물건도 함께!

가족이 함께 갔던 동물원 티켓, 영화표, 비행기 티켓, 편지 등 기념할 만한 물건을 보관해두었다가 다시 보는 것도 즐거운 일! 특히 아이가 태어난 날의 신문을 넣어두면 두고두고 좋은 추억이 된다. 앨범 권말에 큰 포켓이 없다면 클리어 파일에 넣어두면 된다.

이미 지난 신문을 구할 수 없다면 앞으로 태어날 아기를 위해서는 꼭 신문을 구해 넣어보길!

 앨범 표지에 해당 연도를 적어 붙인다

책꽂이에 앨범을 나란히 꽂았을 때 앨범 크기나 색깔이 나란히 맞는 것도 중요하다. 하지만 더 중요한 것은 각 앨범이 언제 것인지 구분하는 것이다. 원하는 앨범을 한눈에 볼 수 있도록 앨범의 등에 연도를 적은 라벨을 붙이자.

나는 엑셀을 이용하여 라벨 스티커를 만들어 붙인다.

# 앨범 만들기의 다른 고민들!

실제로 앨범을 만들어보면,
집집마다 처한 상황이 다르기 때문에 그에 따른 여러 가지 궁금증이 생긴다.
세미나에서 자주 등장했던 대표적인 고민들을 살펴보자.

**Q 태어난 달부터 1년 단위로 정리하는 게 좋을까요?**

**A 1월부터 시작하자**

앨범의 시작은 1월, 마지막은 12월로 하는 것이 수월하다. 예를 들어, 첫째 아이가 6월에 태어나고 둘째 아이가 다른 달에 태어나면 정리에 혼란을 겪기 때문이다. 단, 아이가 유치원에 다닌다면 다음 단계로 올라가는 3월에 시작하는 것은 괜찮다!

\ 원칙은 느슨하게! /

**Q 생일, 여행 등으로 사진 분량이 너무 많다면?**

**A 이벤트가 있을 때는 페이지를 늘려도 좋다**

가족여행이나 기념일이 있으면 아무래도 사진 찍을 기회가 많다. 따라서 1달에 펼친면 1장으로 원칙을 정했다 하더라도 이벤트가 있는 달에는 페이지 수를 늘려도 좋다. 융통성 없이 너무 원칙에 얽매이다 보면 앨범 정리가 숙제처럼 느껴질 수 있다.

## Work 5

 옷장에 넣어둔 액자 사진은 어떻게 할까요?

 L판 사이즈로 뽑아서 앨범에 넣자

'연말이나 생일날 사진관에 가서 멋지게 가족사진을 찍었는데 지금은 옷방 구석에 처박혀 있다!'
이런 고민을 가진 분들이 의외로 많다. 거실이나 현관에 잠시 걸어 두었다가 곧장 옷장 속으로 보낸 사진 한두 개쯤은 누구나 갖고 있을 것이다. 이럴 때 내가 추천하는 방법은 대형 사진을 L판 사이즈로 다시 뽑아 앨범에 넣는 것. 이렇게 해두면 잊혀질 뻔한 사진을 살릴 수 있다. 최근에는 대형 사이즈를 L판 사이즈로 뽑아주는 사진관도 있으니 가까운 사진관에 문의해보자.

 유치원에서 뒤늦게 받은 사진은 어떻게 할까요?

 유치원 사진만 1권에 담아 '유치원 앨범'을 만들자

어린이집이나 유치원에서 보내주는 사진, 또는 다운받으라고 제공하는 사진이 많은 경우는 유치원 생활을 하는 기간, 즉 3년(또는 2년)을 앨범 1권으로 만들어 가족 앨범과 구분해보자.

 지인들에게 뒤늦게 받은 사진은 어떻게 할까요?

 날짜 순에 얽매이지 말고 앨범 뒤쪽부터 정리한다

이미 그 달의 사진 정리가 끝났는데, 뒤늦게 누군가로부터 사진을 받을 때가 있다. 함께 놀러간 친구나 가족들이 보내주는 사진이다. 그럴 때는 앨범 뒤쪽부터 차례로 꽂으면 된다.

# 사진 정리를 포기하지 않고 꾸준히 하려면

사진 정리는 한때 하다가 그만두는 이벤트가 아니라 아이를 키우는 동안 꾸준히 해야 하는 일이다.
그래서 습관처럼 할 수 있도록 환경이 중요하다. 지금부터 내가 고안해낸 방법들을 소개한다.

### 온 가족이 모이는 거실에 두고 손쉽게 꺼내본다

누구든 손쉽게 꺼내볼 수 있는 공간에 앨범을 놓자. 나는 거실과 연결된 아이의 놀이공간에 앨범을 수납하고 있는데 아이 혼자서 앨범을 가져와 수시로 펼쳐보는 모습을 보면 뿌듯하다. 또 집에 놀러온 지인들이 자연스럽게 펼쳐볼 수 있어 좋다. 무엇보다 눈에 잘 띄는 곳에 두면 수시로 가족이 모여 앉아 함께 볼 수 있다.

### 아이가 열 살이 될 때까지만!

앨범을 10년 이상 만든다고 생각하면 너무 까마득하다. 나는 엄마의 손길이 많이 필요한 열 살까지만 만들어줄 생각이다. 그때까지라면 큰 부담없이 만들 수 있을 것 같다. 그리고 열 살이 넘으면 아이도 직접 사진을 찍게 되지 않을까. 지금부터 딱 10권의 앨범만 만든다고 생각하자.

## 체크리스트를 활용하자

앨범을 만들다보면 2010년도에 첫째와 둘째가 각각 몇 살이었는지, 몇 년, 몇 월까지 데이터 정리를 해놨는지 헷갈릴 때가 있다. 그럴 때를 대비해 연도를 적어 놓은 연령 조견표와 체크표를 작성해두면 간단히 확인할 수 있다. 이 책의 말미에 체크리스트를 준비했다.

## 알람을 설정해두고 기억한다

건망증이 심하거나 바쁜 일상에 쫓기는 사람들은 알람기능을 이용해보자. 예컨대 매월 1일이나 주말 오후 2시에 알람이 울리도록 설정해두고 그때는 무조건 사진을 정리하는 식이다. 이렇게 하면 미루지 않고, 잊지 않고 꾸준히 할 수 있다.

> 아직도 망설여진다면

앨범 만들기가 망설여진다면 앞서 소개한 미니 앨범에 도전해보자. 사진을 인쇄하는 단골업체에 주문하면 힘들지 않고 만들 수 있다.

# 한눈에 보는 '미니 앨범' 만드는 법

이 앨범은 한눈에 여러 사진을 훑어보는 앨범으로 많은 시간과 노력이 들지 않는다. 우리집의 경우 아이들이 독립한 뒤에 이것을 가족 앨범으로 쓸 예정이라 정규앨범에 담은 사진도 모두 넣어 만든다.

### 표지
매해 중요한 사진으로 콜라주해 만든다. 미니 앨범의 표지는 카드나 연하장으로도 사용하는데, A4에 확대 인쇄한 것을 넣고 제본한다.

### 권말
권말에는 미니 앨범에 수록한 사진 데이터를 담은 CD를 넣는다. 이렇게 해두면 언제든 다시 사진을 뽑을 수 있어 안심이 된다.

### 앨범 속지
A4 사이즈에 42장의 사진을 배열하여 인쇄한다. 촬영순서대로 배열하였기 때문에 일 년을 어떻게 보냈는지 한눈에 알 수 있다. 여행지에서 찍은 풍경, 아이들이 만든 작품도 함께 넣어준다. *몇 장을 넣을지는 사진관에 따라 달라질 수 있다.

## 미니 앨범의 장점

### 얇다! 가볍다!
미니 앨범은 얇고 가벼워 수납공간을 크게 차지하지 않는다. 이런 앨범이라면 아이가 성인이 되는 스무 살까지도 거뜬히 만들 수 있다.

### 방법이 쉽다!
데이터를 모아서 CD에 저장한 후 주문하면 완성된 앨범이 집으로 오기 때문에 간단하다. 굳이 L판 사이즈로 뽑을 사진이 아니라면 보기에도 나쁘지 않다.

### 갖고 다니며 커뮤니케이션 도구로
이 앨범은 작고 가벼워 갖고 다니며 친구들에게 보여주기도 쉽다. 또래 엄마들과 쉽게 친해지고 소통을 하는 데도 그만이다.

▶ 미니 앨범 만들기 순서

### 연말에 한 번, 사진을 정리한다

연말이 되면 한 해 동안 '소중'과 '주저'로 구분했던 모든 사진을 CD에 담는다. 우리집에서는 해마다 대략 600매, 즉 A4 용지로 15장 정도의 분량을 담는다.

### 주문하기

스프링 제본을 해주는 사진관을 찾아서 주문한다. 인터넷으로 주문하면 바쁜 연말에도 힘들이지 않고 처리할 수 있다.

### 업체에 CD를 보내거나 데이터를 올린다

업체에 주문한 뒤 CD를 봉투에 넣어 우편으로 보내거나 사이트에 사진을 올리면 끝.

### 집에서 받는다

데이터를 발송하고 결제한 후 1주일이나 열흘 뒤 모든 데이터가 한 권의 앨범에 담겨 집으로 배달된다. 아주 간단하다.

---

### 내가 애용하는 곳

**FRAME***
Emi의 오리지널 미니 앨범으로 OURHOME×FRAME의 콜라주 제품! 전국 어디서든 주문할 수 있고, 좋아하는 사진을 표지로 만들어주는 서비스도 제공한다. 200장의 사진을 42칸 타입으로 주문하는 경우 배송료를 포함하여 ￥3210.
http://framefoto.me

**사진관45**
인터넷 주문도 가능한 '45 스프링 제본'이라는 서비스로 미니 앨범을 제본할 수 있다. http://www.45color.co.jp

## Work 1
### 사진을 모두 정리한다 (인쇄한 사진/디지털 사진 포함)

1. 모든 사진을 한 곳에 모은다.
2. 연도별로 나눈다.
3. 월별로 나눈다.
4. '소중', '주저', '불필요'(데이터의 경우는 '전부')의 3종류로 구분한다.
5. 각각의 분류에 맞게 처리한다.

## Work 2
### 사진을 인쇄한다

**Point**
- 인쇄를 의뢰할 업체를 선택한다. (온라인 주문을 권한다.)
- 인쇄는 3~4개월에 한 번꼴로.

## Work 3
### 육아 카드를 만든다

**Point**
- 몇 년분을 한꺼번에 만들어 놓는다.

## Work 4
### 앨범을 선택한다

**Point**
- 아이가 혼자 들 수 있을 만큼 가벼운 것
- 수납에 낭비가 없는 것
- 너무 두껍지 않은 것

## Work 5
### 사진과 육아 카드를 앨범에 꽂는다

**Rule**
- 1년에 앨범 1권
- 1달치 사진을 펼친면(2페이지)에 다 넣는다.
- 왼쪽 위 칸에 육아 카드를 넣는다.

**Point**
- 정해둔 룰에 너무 얽매이지 말자.
- 권말에는 CD, 큰 사진, 기념할 것 등을 넣는다.
- 타인에게 받은 사진은 앨범 뒤쪽부터 넣는다.

구체적으로 자신의 의지를 적어보자!

# 해보겠다는 선언!

### 언제부터 사진 정리를 시작할 수 있겠는가?
(내일 당장? 앨범을 산 뒤에? 다음달부터?)

---

---

---

### 어떤 앨범을 만들 것인가?
(1년에 1권? 1인당 1권씩? 유치원에서 찍은 사진과 한꺼번에?)

---

---

---

### 앨범은 어떤 것을 선택할까?
(펼친면 12매 타입? 하프 타입? 흡착식? 노트식? 기타)

---

---

---

### 앨범을 완성한 뒤에 어디에 수납할까?
(거실 선반? 아이 방? 책상 위? 책꽂이? 기타)

---

---

---

# 부모님이 만들어준 낡은 앨범은 그 자체로 보물이다!

**앨범은 사랑을 전하는 선물이다**

"엄마가 만들어준 앨범이 낡고 두꺼운데다 무거워서 보관이 쉽지 않아요. 이번 기회에 작고 가벼운 걸로 다시 만들고 싶어요." 이런 요청을 해오는 엄마들이 더러 있다. 지금은 시대가 달라졌지만 엄마 세대의 앨범은 대체로 무겁고 두꺼운 게 많았다. 사람마다 생각의 차이는 있겠지만, 나는 수납할 공간이 있다면 가급적 그대로 보관할 것을 권한다. 왜냐하면 낡은 앨범을 통해 전해지는 부모님의 정성과 손길, 세월의 때, 애정 어린 손글씨는 무엇과도 바꿀 수 없는 보물이기 때문이다. 장차 성장한 내 딸이 내가 만들어준 앨범을 다시 꾸미기 위해 해체한다고 생각하면 상상만으로도 슬퍼진다. 기존 앨범을 바꾸려고 노력하는 대신 앞으로 만들 앨범의 크기와 양 등에 더 신경쓰면 된다.

Chapter 3

# 세미나 참가자 10명이 공개하는
# "우리집 앨범을 소개합니다!"

세미나에 참가해 사진 정리를 시작한 엄마들과 블로그를 통해
앨범 만들기에 도전한 10명의 엄마들의 앨범을 소개한다.
얼핏 보면 비슷해 보이지만 각 가정에 맞는 신선한 아이디어가 가득하다.
자신에게 맞는 앨범을 만드는 데 참고하자.

## 룰을 정하고 나니 오히려 정리가 쉬워지고 부담감에서 해방되었다

### File1

우이코 씨
- 직업 : 판매원
- 자녀 : 4살 딸
- 앨범 만들기 : 1년째
- 권수 : 5권
- 앨범 수납장소 : 아이 방

**Before**
사진 데이터는 모두 SD카드에 저장해두고 딸이 세 살이 될 때까지 사진 인쇄를 하지 않았다. 인화한 사진은 박스 하나에 담아 보관했다.

**After**
세미나에 참가한 후 한 달 만에 과거 3년분의 앨범을 단숨에 만들었다. 지금은 즐거운 마음으로 다음 사진 인쇄를 기다리고 있다.

▷ **우이코 씨의 룰**

**1** 10년치 앨범을 모아도 15cm밖에 차지하지 않는 무인양품 앨범으로 통일했다

무인양품의 '264매 앨범'은 사진을 다 넣어도 두께가 1.5cm밖에 되지 않는다. 10년치를 모아둬도 15cm 안팎이라 수납공간을 차지하지 않는다.

반투명 표지

투명테이프에 연도를 적었다

**2** 육아 카드 뒷면엔 딸에 대한 솔직한 감정을 적는다

너무 솔직하고 적나라하게 적기 때문에 카드 뒷면에 적어 포켓에 넣어두는데 친척이나 친구에게 앨범을 보일 때도 마음이 편하다.

**3** 즉석 카메라로 찍은 사진은 육아 카드 자리에 넣는다

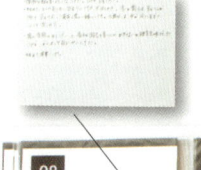

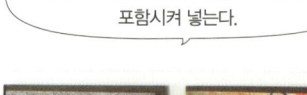
친구들에게 받은 사진도 한 달분 11장 속에 포함시켜 넣는다.

**4** 사진이 많든 적든 1년은 무조건 1권

여행한 달에는 4페이지로 늘고, 사진을 적게 찍은 달에는 1페이지로 줄면서 비슷한 양이 유지되는 느낌이다. 스트레스를 받고 싶지 않아 매달 페이지 수가 변해도 크게 개의치 않는다.

**5** 빈 칸이 생기지 않도록 페이지 단위로 정리한다.

'빈 칸 없이 사진을 넣어달라.'는 딸아이의 요청에 따라 빈 칸이 나오지 않도록 사진을 꽂고 있다.

그림책 옆에 앨범을 뒀더니 아이가 그림책 읽듯 앨범을 본다.

64

### idea
사진 데이터에 ★표시를 해두면 선택하기 쉽다

### idea
사진이 떨어져 나올 때는 값싼 색상지로 해결!

a. 문방구에서 산 B4 사이즈의 검은색 색지를 128×95mm로 자른다. b. 포켓에 자른 대지를 넣는다. c. 앨범 첫장과 마지막장의 큰 포켓에도 검은 대지를 넣는다. 네 귀퉁이를 4mm씩 잘라 사진을 꽂으면 큰 사이즈 사진도 깔끔히 정리된다.

### My Episode

## 앨범 만들길 정말 잘했어!

### 아이의 반응
앨범을 아이의 그림책 옆에 꽂아주었더니 틈날 때마다 앨범을 꺼내 본다. 자주 "사진 또 언제 인쇄해?"라고 재촉하는 걸 보니 새로운 사진을 기다리는 눈치다.

### 남편의 반응
평소 별 대화가 없던 우리 부부는 앨범을 만든 후 자주 추억에 잠긴다. 사진을 찍었던 시기와는 또 다른 감정이 생기면서 앨범이라는 게 얼마나 좋은 선물인지 새삼 깨달아가고 있다.

### more
아이가 42개월까지 육아 일기를 썼는데 꽤 번거로웠다. 그런데 사진 정리와 함께 '육아 카드+사진' 형태로 바꾸면서 심리적 부담이 확 줄었다.

**Q** 인쇄 주기는?

**A** 딸아이가 다니는 유치원에서 사진이 오는 시기에 맞춰서 3개월 단위로 인쇄한다. 3개월마다 변하는 모습을 아이가 직접 볼 수 있어 즐거워한다.

### Other Rules

사진관에서 찍은 기념사진도 함께 넣는다

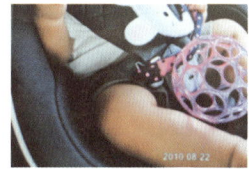

촬영일자를 넣고 인쇄하면 정리가 편하다!

우리집은 어릴 적에 자주 이사를 했는데 그때마다 두꺼운 앨범을 놓을 곳이 없어 고민이었다. 그런 이유로 나는 결혼 후에도 집안 살림이 늘지 않도록 신경썼고 뭐든 최고의 시스템을 찾아낼 때까지는 일을 벌이지 않는 습관이 있다. 아이 사진도 마찬가지다. 마음 한편에 사진을 정리해야 한다는 압박감이 있었지만 더 좋은 방법을 찾지 못한 채 미뤄뒀다. 그러다 Emi의 사진 정리 세미나를 듣게 됐고 생각이 완전히 달라졌다. "아이는 사진의 추억으로 자란다."는 Emi의 말에 전적으로 공감한다. 앞으로 목표는 10년간 앨범을 만드는 것이다. 그래서 중간에 포기하지 않도록 원칙에 크게 신경쓰지 않는다. Emi의 룰을 변형해 내게 맞췄더니 사진 정리하는 노하우가 빠르게 늘고 있다. 최소한의 수납 공간, 그것이 내가 찾던 사진 정리의 포인트다.

## 아침부터 저녁까지 일에 시달리는 나, 눈코뜰새 없이 바쁜 중에도 해냈다!

### File2

후쿠모토 준코 씨

- 직업 : 회사원
- 자녀 : 4살 아들, 1살 딸
- 앨범 만들기 : 4년째
- 권수 : 5권
- 앨범 수납장소 : 복도 수납장

**Before**
오래전엔 포켓 앨범도 만들고 여행 사진도 정리했었지만 언제부턴가 컴퓨터에 몰아 넣고 꺼내보지 않는다.

**After**
큰 아이가 태어날 즈음 Emi의 세미나에 참가한 이후 매년 1권의 앨범을 만들고 있다.

▷ 후쿠모토 씨의 룰

사용 중인 앨범은 이것!

Emi가 기획 제작한 나카바야시 Year Photo Album을 사용한다.

### 1 매월 사진 매수가 달라도 그만!

한 달 분 사진을 펼치면 2쪽에 넣는다는 룰은 내게 맞지 않았다. 그래서 그냥 '1년에 1권'이라는 규칙만 정하고, 육아 카드 위치도 '왼쪽 위'가 아니라 '위'라고만 정해둔다.

### 2 육아 카드는 손글씨로, 냉장고에 붙여두고 수시로 기록

손글씨가 주는 따스한 느낌을 포기할 수 없었다. 색상지를 냉장고에 붙여 놓고 오가며 생각나는 짤막한 글들을 적었다.

↙ 손글씨!

공간이 남아도 신경 쓰지 않는다!

### 3 인쇄는 인터넷 업체에

인쇄는 몇 개월분을 한꺼번에 몰아 인터넷 단골 업체에 주문한다. 집에서 사진을 받는 즐거움도 있고, 도착하면 앨범에 꽂기만 하면 끝. 단시간에 끝나고 스트레스도 없다!

### 4 첫 페이지엔 크게 인쇄한 가족사진과 연도를

앨범 첫 페이지의 큰 포켓에는 매년 사진관에서 촬영하는 가족사진을 2L판으로 뽑아 표지처럼 꾸몄다. 연도도 알아보기 쉽게 크레파스로 직접 써 넣는다.

 생일기념 카드로
첫 두 페이지를 장식한다

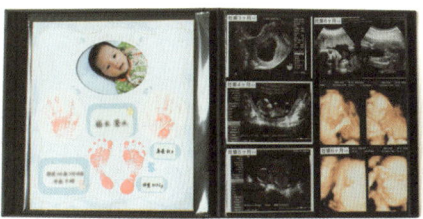

### 유치원에서 받은 '아이의 작품'은 프린트해서 보관

유치원에서 아이가 만든 그림이나 작품은 모아두었다가 카메라로 촬영한다. 그리고 L판 사이즈 사진으로 출력한 후 앨범에 넣는다. 아이의 성장이 한눈에 보인다.

직접 만든 생일기념 카드를 따로 보관하면 좀처럼 다시 볼 기회가 없어서 앨범의 큰 포켓에 넣었다. 태아의 초음파 사진이나 4D사진도 다른쪽 면에 넣어 펼치면 가득 출생 전 모습으로 꾸몄다.

## My Episode

### 앨범 만들길 정말 잘했어!

**아이의 반응**
우리 부부와 함께 사진을 정리할 때면 "재미있다." "또 가고 싶다."며 추억을 되새긴다. 거실에 앨범을 두면 혼자서도 몇 번씩 꺼내 본다.

**남편의 반응**
언제부턴가 육아 카드를 남편이 직접 쓰고 있다. 아이들 성장 과정도 부부가 함께 공유할 수 있어서 정말 잘했다는 생각이 든다.

**more**
부모님이 손주 사진을 보며 이야기꽃을 피우는 모습을 보면 참 정겹다. 둘째에게도 첫째 아이처럼 성장해가는 모습을 남겨주고 싶다.

### 아이의 손도장, 발도장도 함께 보관

잘 지워지는 수성 인주를 사용해 집에서 아이의 손도장·발도장을 찍은 후 오려서 앨범에 넣는다. 사진과 함께 보는 재미가 크다.

 할아버지가 찍어준 사진은 USB로 받는다

가끔 아이들을 부모님 댁에 맡기는데 그때마다 아이 사진을 많이 찍어준다. 그런 사진은 UBS로 받아 원하는 사진만 골라 인쇄한다.

**Other Rules** 특별 이벤트가 있을 때는 사진관에서 포토 앨범을!

어린이날, 생일, 명절 같은 특별 이벤트가 있을 때는 그 행사만을 위한 특별 포토 앨범을 만든다.

---

나는 두 아이를 유치원에 맡기고 출근한다. 매일 시간에 쫓겨 시간을 내지 못하다가 큰 아들이 태어났을 때 Emi의 세미나를 알게 됐고, 지금은 습관이 될 정도로 익숙해졌다. 바쁜 나를 위해 남편이 사진을 CD로 옮기는 일을 도와주고 나는 사진을 골라 인터넷으로 주문하는 식으로 일을 분담했다. 집으로 사진이 오면 남편, 아이들과 함께 앨범에 꽂는데 이 시간이 정말 즐겁다. 하다 보니 둘째에게도 똑같은 앨범을 만들어주고 싶어 둘째가 태어난 해에는 1년에 2권의 앨범을 만들었다. 육아 일기와 사진을 동시에 볼 수 있기 때문에 아이들에게 추억을 구체적으로 설명할 수 있어서 정말 좋다.

## 나이차가 있는 삼남매의 엄마, 첫째와 둘째의 오래되고 두꺼운 앨범을 새로 만들다

**File3**

**사사이 아미 씨**
- 직업 : 주부(복직 예정)
- 자녀 : 고1 딸, 중2 아들, 2살 아들
- 앨범 만들기 : 2년째
- 권수 : 14권
- 앨범 수납장소 : 거실

**Before**
두꺼운 앨범에 대충 사진을 꽂고 표지에 연도만 표시했다. 남은 사진은 몽땅 상자에 보관했다.

**After**
예전 앨범을 Emi의 방식으로 다시 정리했다. 다 커버린 두 아이의 옛 모습과 키우던 과정을 다시 생각하는 뜻 깊은 시간이었다.

▷ 사사이 씨의 **앨범 다시 만들기** 룰

### 1 예전 앨범의 메모까지 함께 옮긴다

앨범을 새로 꾸밀 때 사진뿐 아니라 옛날에 썼던 짤막한 메모와 분위기를 그대로 새 앨범에 담았다.

셋째 아이부터 육아 카드를 작성하고 있다.

육아 카드에는 첫째나 둘째의 최근 이야기도 함께 남긴다.

사용 중인 앨범은 이것!

나카바야시의 포켓 앨범. 1년에 2권을 만들고 등에는 ○년 ○월~○년 ○월이라고 적는다.

새롭게 꾸민 앨범

### 2 사이즈와 상관 없이 모두 새 앨범 속으로

예전에 유행했던 스티커 사진이나 즉석 사진, 티켓도 모두 새 앨범으로. 추억이 담긴 물건은 언제나 정겹다.

스티커 사진도

티켓도

### 3 앨범은 거실에 두고 자주 꺼내본다

모든 앨범은 거실에 두고 가족 모두 자주 꺼내보는 덕분에 어린 셋째와 형제들이 더 잘 어울리는 계기가 됐다.

새로 만든 앨범

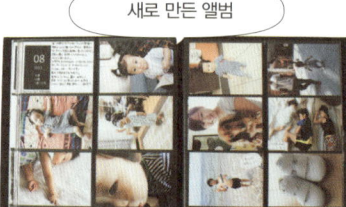

나이차가 나는 막둥이 아들을 무릎에 앉히고 그림책을 읽어주면 첫째나 둘째가 잔뜩 시샘을 하곤 했다. 하지만 세미나를 수강한 뒤, 두 아이의 앨범을 새로 꾸며주었더니 사춘기 맏딸과 큰 아들도 엄마의 사랑을 확인했는지 무척 흡족해한다. 세 아이가 머리를 맞대고 앨범을 보는 모습이 사랑스럽기 그지없다.

## 친구들과 앨범을 보며 육아 스트레스 해소! 복직한 뒤에도 계속할 수 있다

**File4**

야마다 가요 씨
- 직업 : 회사원
- 자녀 : 1살 딸
- 앨범 만들기 : 1년째
- 권수 : 1권
- 앨범 수납장소 : 주방의 책장

**Before**
기분이 내키면 뽑기도 하고, 그냥 방치하기도 하고, 일관된 사진 정리법이랄 게 없었다.

**After**
세미나를 수강한 뒤 앨범을 만들기 시작했다. 볼 때마다 무척 행복하다.

▷ **야마다 씨의 룰**

**1 사진은 최대한 다양하게**
다시 봤을 때 즐거울 수 있도록 최대한 다양한 표정과 인물이 담긴 사진을 선택한다.

**2 집에서 인쇄한다**
사진을 고른 뒤에는 집에서 인쇄해 앨범에 바로 넣는다. 딸아이가 낮잠 자는 시간을 이용한다.

**3 Facebook에 적어둔 글 보며 육아 카드 작성**
나는 Facebook에 딸아이의 육아 일기를 짧게 기록하는데 육아 카드를 작성할 때 큰 도움이 된다.

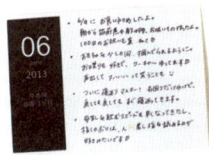

Facebook에 써둔 에피소드를 모두 육아 카드로 옮겨왔다.

**사용 중인 앨범은 이것!**

나카바야시의 포켓 앨범. 등에는 흰 종이를 붙이고 타이틀과 연도는 손글씨로.

이벤트 사진은 양쪽 면에 가득 채운다.

짧은 메모는 마스킹 테이프를 활용

**4 첫 페이지는 연도와 그해 Best5 사진으로 꾸민다**

엑셀로 만든 연도와 그해에 가장 마음에 든 사진 5개로 꾸민다.

**5 내 어릴 때 사진과 딸아이 사진을 같은 구도로 배열했다**
나의 어렸을 적 사진을 새 앨범으로 가져와 딸아이 사진과 나란히 배치했다. 보는 즐거움이 두 배.

딸아이 생일과 사흘밖에 차이가 나지 않아, 왠지 성장해가는 모습이 비슷하다.

최근 직장에 복귀했다. 매일 집안일과 육아까지, 몹시 바쁜 시간을 보내고 있지만 딸이 잠든 뒤 시작하는 사진 정리 덕분에 모든 스트레스가 날아가 버린다. 내가 꾸민 앨범을 남편이나 양가 부모님, 친구들과 함께 보면서 대화하는 것이 요즘 최고의 행복이다. 앨범 주위에 둘러앉아 이야기를 하다 보면 의욕도 불끈 솟는다!

**Other Point**
- 남편과는 포토스트림으로 정보를 공유한다.
- 친구와 같이 앨범 만들기를 시작했는데 혼자 할 때보다 더 재밌다.

**10년 동안 밀린 사진을 단숨에 정리했다. 11살 딸아이는 자기 앨범을 직접 만들고 있다**

## File 5

이시이 마사미 씨

- 직업 : 전업주부
- 자녀 : 11살 딸, 9살 남매(쌍둥이)
- 앨범 만들기 : 4개월째
- 권수 : 11권
- 앨범 수납장소 : 거실 텔레비전 옆

**Before**
사진은 전부 상자 안에 넣어두었다. 5년 전부터 스크랩북을 시작했는데, 사진 매수가 많아 힘들었다.

**After**
세미나에 참가한 뒤 큰 아이의 10년치 사진을 단숨에 정리했다. 1달에 펼친면 하나라는 룰을 정했는데 정말 편하다.

▷ **이시이 씨의 룰**

### 1 과거 사진을 새 앨범으로 옮길 때는 테마별로 편집

과거 사진을 새 앨범에 옮기다보니 1달 분 사진을 2페이지에 넣기는 불가능했다. 그래서 펼친면 하나를 하나의 테마로 꾸몄다.

### 2 마스킹 테이프나 스티커를 사용해 마치 그림책처럼

이렇게 스티커를 활용해 그림책처럼 꾸미고 테이프를 이용해 감상도 적는다.

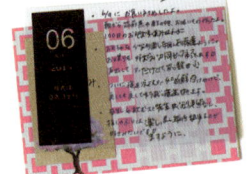

육아 카드도 페이지 색과 어울리게

육아 카드는 갖고 있는 종이에 손글씨로 적는다. 몇 월인지 스티커에 적어 한눈에 알아보게 한다.

사용 중인 앨범은 이것!

몇 년 전에 구입한 HAKUBA의 포토시스템 파일 SF-1 검정색. 등은 라벨링.

### 3 11살 딸아이는 직접 자기 앨범을 만든다

'10살이 넘으면 아이 스스로 앨범을 만들 것'이라는 말을 들은 후부터 딸아이는 사진 촬영부터 앨범 만들기까지 도전하고 있다.

처음 만든 앨범이지만, 예쁘죠? 정말 좋아요!

딸 voice

### 4 학교에서 받아온 사진은 별도 앨범에

아이가 셋이나 있다 보니 학교에서 받아오는 사진도 꽤 많다. 따라서 이런 것들은 별도의 앨범에 정리하고 있다.

마음 같아서는 스크랩북처럼 화려하게 꾸며주고 싶었지만 아이 셋을 키우는 입장에선 불가능했다. 그래서 그냥 앨범 포켓에 꽂기만 하는 방법을 선택했다. 대신 테이프나 스티커로 콜라주 하듯 꾸미는데 그래서인지 힘들지 않고도 예쁜 앨범이 탄생한다.

**큰딸의 출산과 함께 사진 정리를 시작했다. 첫째 아이의 앨범이 둘째를 키우는 참고서!**

File6

야하라 준코 씨
- 직업 : 전업주부
- 자녀 : 3살과 1살 딸
- 앨범 만들기 : 3년째
- 권수 : 2권
- 앨범 수납장소 : 거실의 수납장

**Before**
여행 등 특별한 일이 있을 때만 L판 사진으로 뽑아놓거나 포토앨범을 만들었다. 그 외 사진은 모두 컴퓨터에 저장해뒀다.

**After**
큰딸을 출산하면서 앨범 만들기를 시작했다. 같은 방법을 반복하기 때문에 전혀 성가시지 않아 3년째 지속하고 있다.

▷ **야하라 씨의 룰**

**1 일상의 다양한 모습을 적극적으로 찍는다**
아이가 노는 모습이나 처음 먹는 음식 등 일상 속 한때를 수시로 사진으로 찍는다.

**2 사진에는 날짜를 넣는다**
사진을 프린트할 때 날짜를 포함시키면 사진을 정리할 때 뒤섞이는 것을 방지할 수 있다.

**3 육아 카드는 전부 손글씨로**
컴퓨터가 서툴러서 카드는 모두 손글씨로 적는다. 해놓고 보니 손글씨가 좋다.

월은 색연필로 칠해서 눈에 확 띄게. 짤막한 글은 부담없이 편하게.

사용 중인 앨범은 이것!

구입도 쉽고 값도 싼 무인양품의 앨범을 사용한다.

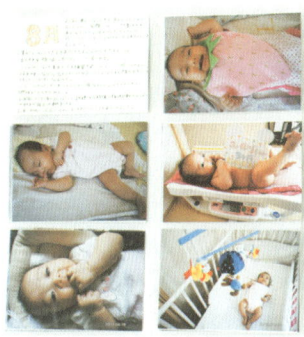

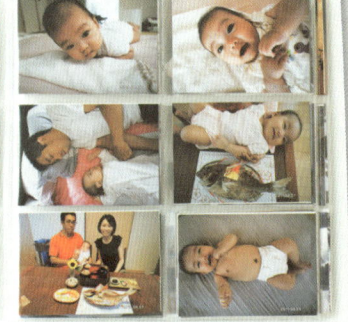

**4 마지막 페이지엔 딸이 그린 그림과 기념품을**
마지막 포켓에는 딸이 태어난 날에 발행된 신문이나 연하장, 친구에게 받은 생일카드를 넣는다.

**5 전문 작가가 찍어준 사진도 앨범에**
전문 작가가 찍어준 사진은 액자로도 만들고 프린트도 해 앨범에 넣는다.

앨범은 큰딸을 낳으면서 만들기 시작했는데 원칙을 정하자 힘들이지 않고 계속 만들 수 있게 됐다. 작년에 둘째가 태어났는데, '둘째가 큰애만큼 자랐을 때는 어떤 모습일까?' 하는 기대감과 함께 앨범에 적힌 정보들을 보며 둘째 양육에 참조하고 있다. 남편과 대화하다가 "우리가 ○○에 갔던 게 언제였지?"하고 잘 기억나지 않는 일도 앨범을 보며 확인한다.

**앨범을 만들면서 좋아진 점!**
- 일상을 보관하고 싶어서 의식적으로 사진을 자주 찍게 된다.
- 프린트한 사진을 보면서 지난 한 달을 추억하며 육아 일기를 쓴다.

## File7

이사가면서 친구와 헤어진 아이, 앨범으로 추억을 연결한다!

사카모토 유이노 씨

- 직업 : 회사원
- 자녀 : 4살 아들, 1살 딸
- 앨범 만들기 : 1년째
- 권수 : 5권
- 앨범 수납장소 : 거실

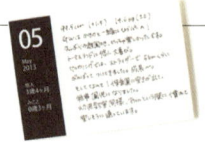

**육아 카드** – 특별한 모습이나 함께 외출한 곳, 추억 등을 기록한다.

**등** – 포토샵으로 등표지를 만들어 꽂는다.

### ▷ 사카모토 씨의 룰

**1 메모는 스티커에 적어 포켓에 붙인다**
사진에 적고 싶은 코멘트를 쓴 후 사진과 별도로 포켓 비닐에 붙이는 방식이라 간편하다.

**2 스튜디오에서 찍은 사진은 별도 페이지에**

스튜디오에서 찍은 사진은 L판으로 다시 뽑고 이벤트마다 제목을 붙여 한 페이지로 꾸민다.

이사를 자주 한 탓에 친구들과 좀처럼 친해질 기회가 없었던 아들. 앨범을 만들어주자 무척 좋아했다. 잊혀졌을 거라고 생각한 사진 속 친구를 보며 "보고 싶다. 다시 놀러가고 싶다."는 말을 할 때면 아이에게 좋은 추억을 선물한 것 같아 흐뭇하다.

## File8

사진에 생후 ○일을 적어 매일매일 성장하는 모습을 한눈에 본다

사이토 마리 씨

- 직업 : 임시직
- 자녀 : 2살 딸
- 앨범 만들기 : 3개월째
- 권수 : 2권
- 앨범 수납장소 : 거실의 아이 놀이공간

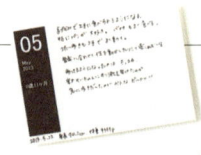

**육아 카드** – 날짜, 신장, 체중을 적는다. 아기수첩에 적을 때도 참조한다.

**등** – 한눈에 알 수 있도록 간결하게 연도를 표기했다.

### ▷ 사이토 씨의 룰

**1 신생아 사진과 여행 사진은 4페이지 분량으로 늘려서 정리**

**2 사진을 고를 때는 다른 사람들과 찍은 것도**
가족뿐 아니라 여러 사람들과 찍은 사진을 골라 다양한 이야깃거리를 만든다.

**3 신생아 사진에 '생후 ○일'이라 적는다**

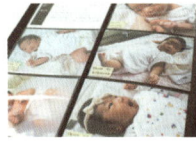

성장이 뚜렷한 시기라 날짜를 적어두는 것만으로도 기록이 된다.

딸은 하루도 빼지 않고 앨범을 볼 정도로 앨범을 좋아한다. '한 나버지'라며 손가락으로 짚기도 하고 갓난아기 적 자신의 모습을 한참동안 들여다 보기도 한다. 그런 딸아이의 모습을 보면 미소가 절로 떠오른다. 남편도 육아 카드를 보며 '훌륭한 육아법'이라고 칭찬해준다.

## File 9

기존 앨범은 그대로 두고, 지금은 4월에 시작, 형제별로 만들어주고 있다

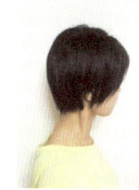

**마루 씨**
- 직업 : 아르바이트
- 자녀 : 13살 아들, 11살 딸
- 앨범 만들기 : 2년째
- 권수 : 아들 8권, 딸 7권, 그 외 4권
- 앨범 수납장소 : 거실

**육아 카드** – 사람별로 기록하기 힘들어 월을 구분하는 기능으로만 사용.

### ▷ 마루 씨의 룰

**형제별로 따로 만든다**

아이들이 초등학생이 되자 활동이 늘어 가족 단위보다 개별 앨범을 만드는 것이 좋았다.

**등** – 라벨에 아이 이름과 함께 연도와 기간을 적어 붙인다.

**야구부의 졸업 앨범** – 아들의 야구부 생활을 앨범으로 만들었다.

**미니 앨범** – 1년치 48장을 A4 용지에 프린트하고 파일로 만들었다.

신생아 시절의 앨범만 갖고 있다가 2년 전 Emi의 블로그를 보고 다시 앨범을 만들기 시작했다. 유치원 시절부터 만든 아이들 앨범은 4월에 시작하여 3월에 끝내는 방식이다. 얇고 가볍기 때문에 새 앨범을 훨씬 자주 보게 된다.

## File 10

느긋하고 편안하게, 최근 사진부터 거슬러 올라가며 정리한다

**스기타니 나미에 씨**
- 직업 : 회사원
- 자녀 : 11살과 4살 딸
- 앨범 만들기 : 1개월째
- 권수 : 2권
- 앨범 수납장소 : 거실

**육아 카드** – 기록은 하지 않고 연도와 월 민 12가지 색깔로 구분했다.

### ▷ 스기타니 씨의 룰

**1 먼저 동생 앨범부터 시작**

자매별로 만들 예정이었는데 언니 사진이 너무 많아서 사진이 적은 동생부터 시작했다.

**2 룰을 정하지 않는다**

성격상 룰이 없는 편이 정신적으로 편해 원칙을 정하지 않았다.

**등** – 앨범을 꽂았을 때 예뻐 보이도록 등에 동그라미 무늬의 종이를 붙였다.

Emi의 세미나에 참석한 후 용기를 갖고 도전했다. 그런데 생각보다 훨씬 재미있어 한 달 동안 2권의 앨범을 완성했다. 이런 상태라면 첫 아이의 앨범도 곧 착수할 수 있을 것 같다. 엄청난 양의 사진을 정리할 마음의 각오도 이미 되어 있다. 그것도 즐겁게!

# 사진과 추억을 준비해두는 엄마가 되자!

—— 아이가 7살이 되었을때 ——

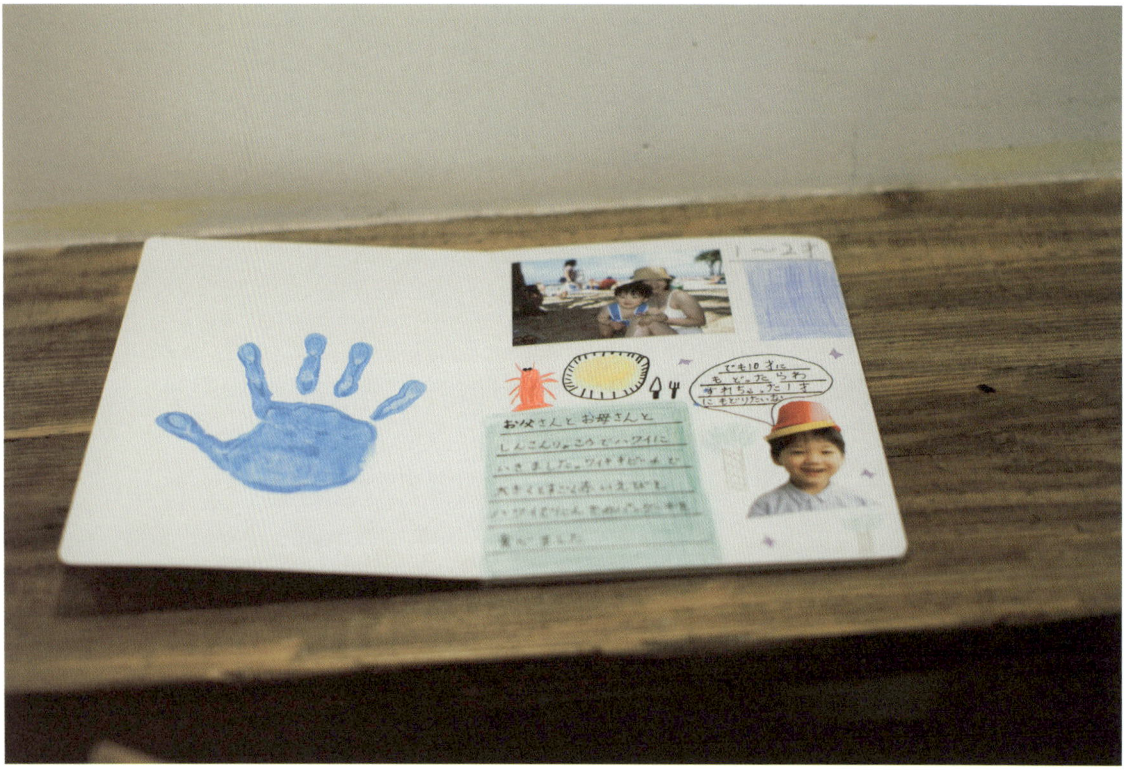

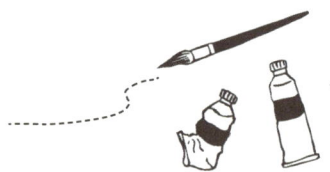

**엄마의 사랑을 보여주는 최고의 물건**

어느 날 초등학교 교사인 친구에게서 "너의 앨범 만들기를 더 많은 사람이 알면 좋겠어."는 말을 들었다. 이유를 물어보니 학교에서는 아이들이 7살이나 10살이 되는 시기에 어릴 적 모습이 어땠는지 부모님을 인터뷰하게 하거나 사진으로 '성장 기록 그림책'을 만든다고 했다. 친구는 "부모들이 어릴 적부터 사진과 사연을 꼼꼼히 정리해준 아이들은 엄청나게 으쓱해하고 좋아해. 정말 사랑받고 있다고 느끼는 것 같아."라고 덧붙였다. 이 이야기를 세미나에서 해줬더니 엄마들은 이구동성으로 "아이가 10살이 될 때까지는 앨범을 만들겠다!"고 한다. 여러분도 사랑을 눈으로 보여주는 엄마가 되길 바란다.

Chapter 4

# 사진으로 즐기는 생활, 사진 촬영 요령부터
# 동영상+작품+부부사진+α 정리법

사진을 찍었다면 앨범으로도 남기고, 본격적으로 '사진이 있는 생활'을 즐겨보자.
이 장에서는 사진 찍는 방법이나 정리법 외에도 비디오 같은 동영상 정리,
아이의 작품 정리 +α의 정리 테크닉을 소개한다.
사진 정리를 도와주는 특별부록도 활용해보자.

# Emi식 사진찍기의 룰

카메라에 대해서는 잘 모르지만 아이 사진만큼은 제대로 찍고 싶다!
다소 흔들리거나 화질이 나빠도 그 자체로
사랑스러운 아이들 모습을 찍는 기본 원칙을 소개한다.

### Rule 1

### 카메라 종류는 상관없다!

"무슨 카메라가 좋아요?"라는 질문을 자주 받는다. 나는 수동 카메라든 스마트폰이든 옆에 있는 것이라면 뭐든지 환영. 내 카메라는 니콘D60.

### Rule 2

### 플래시는 켜지 않는다

카메라 설정에 대해 잘 모르기 때문에 세밀한 조작이 불가능하다. 다만 플래시는 켜지 않는다. 지나치게 밝은 사진보다 자연스러운 분위기를 좋아하기 때문이다.

### Rule 3

### 카메라는 손닿는 곳에 보관

중요한 순간은 때를 기다리지 않는다. 그래서 카메라는 수시로 꺼낼 수 있는 거실 서랍장에 넣어둔다. 사진은 역시 타이밍! 조금 흔들려도 OK!

아이가 거실에서 바라본 창밖

아이 앞에서 나는 이런 표정을 짓는구나.

## Rule 4

### 아이가 직접 찍게 한다

4살이 지나면서부터 사진을 찍고 싶다고 졸라대던 아이들. 카메라를 쥐어주니 상당히 흥미로운 사진이 나왔다. 대담한 구도, 낮은 시선, 예전에는 몰랐던 내 표정… 이렇게 아이들이 찍은 사진을 통해 낯익은 일상을 새롭게 느낄 수 있다.

엄마는 찍을 수 없는 이상의 풍경들…

집안일을 하는 나를 찍었다.

## 놓치면 후회하는 순간, 다양한 모습들!

아이는 순식간에 성장한다. 하루가 다르게 변해가는 손발, 표정, 동작… 이 모든 것은 무엇과도 바꿀 수 없는 보물이다. '그때 찍어두었더라면 좋았을 걸' 하고 후회하고 싶지 않다. 이 사진들은 우리집의 기록, 가족의 발자취다.

평소 촬영 스타일

### 1
**가족의 그림자**
타이머가 없어도, 다른 사람에게 부탁하지 않아도 찍을 수 있는 가족의 그림자. 아이들의 그림자가 우리 부부를 추월할 날은 언제쯤 올까?

### 2
**손발 클로즈업**
포동포동하고 자그마한 손발! 지금 봐도 눈물이 쏙 날 만큼 사랑스럽다. 눈 깜박할 사이에 커지므로 꼭 사진으로 남기자.

### 3
**뒷모습**
무언가에 집중하던 한 살 무렵의 두 아이 뒷모습이다. 그야말로 쌍둥이! 이런 사진도 아이가 더 크면 좀처럼 찍을 수 없다. 이 사진을 찍을 당시에는 미처 그 사실을 몰랐지만.

### 4
**아이의 방**
아이가 성장함에 따라 함께 변하는 아이 방. 사진으로 남겨 두면 아이가 더 성장했을 때 고스란히 추억이 된다.

5
**우는 얼굴**
우는 얼굴도 사진으로 남겨두었더니 좋은 추억거리가 된다. 잔뜩 찌푸리거나 우는 얼굴도 그 자체로 작품이 되는 그 무렵.

6
**일상의 식사**
매일 먹는 밥은 지극히 당연한 것처럼 보인다. 그러나 그 당연한 것이 훗날 그리운 풍경이 되기도 한다. 이유식을 먹던 어느 날 아침 밥상.

7
**좋아하는 장난감**
고장이 나서 버리거나 다른 사람에게 물려주는 아이의 장난감. 비록 지금은 없지만 사진으로나마 그때 갖고 놀았던 장난감을 보여줄 수 있다.

8
**배냇저고리**
사용하는 동안에 얼룩이 묻고 세탁할 때마다 구깃구깃해지는 배냇저고리. 그러나 그 시절의 옷은 왠지 가슴을 뭉클하게 만든다.

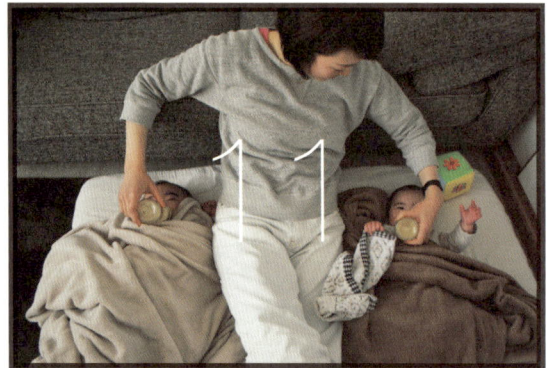

## 9
### 좋아하는 텔레비전 프로그램

잘 보는 텔레비전 프로그램도 시간이 지나면 아련한 추억이 된다. 아이의 모습도 함께 담아 기념으로 남겨두자.

## 10
### 장난

엄마를 화나게 만들었던 온갖 장난도 발상을 바꿔 카메라에 담아보자. 렌즈 너머로 보면 모든 게 달라 보인다.

## 11
### 우유 먹는 시간

모유나 분유를 먹일 때는 바빠서 사진을 찍을 새도 없었다. 하지만 다시 생각해보면 순식간에 흘러가버리는 아쉬운 시간들이다. 잊지 않도록 꼭 사진으로 남기자.

## 12
### 좋아하는 그림책

몇 번이고 반복해서 읽어 너덜너덜해지고, 어느새 많아져 수납하기조차 어려워진 그림책. 하지만 이렇게 사진에 담으면 좋아하는 책에 대한 기억이 오래도록 남는다.

> Special

**매년 온 가족이
다함께 찰칵!**

우리집은 매년 연말연시에 똑같은 소파에 앉아서 가족사진을 찍는다. 아이들의 성장과 부부의 변화를 한눈에 알 수 있어 무척 흥미롭다.

**평상복 입고
사진관에서 촬영**

사진관에서 찍는 사진은 특별한 날, 화려한 옷이 되기 쉽지만 오히려 평소 입는 복장 그대로 찍어두면 자연스럽고 좋은 사진을 얻을 수 있다.

# 우리집 연하장 만들기

연말 행사인 연하장 만들기. 우리집에서는 1년간의 사진을 모아 가족의 모습을 전하는 연하장을 만들고 있다. 우리집의 연하장 만드는 방법을 소개한다.

### 즐겁게 만드는 연하장!

연하장 만들기는 연말의 중요한 이벤트다. 만드는 사람도, 받는 사람도 즐거운 연하장이면 금상첨화. 가족의 근황이나 아름다운 풍경, 사물 사진을 골고루 배열하여 1장에 담는다. 사진을 선택할 때는 인물사진은 가능한 정면으로 향한 것을 골라 자연스러운 분위기를 연출한다. 또 매년 그 해의 동물을 연하장 구석에 숨겨두고 받는 사람이 찾아내게 하는 퀴즈도 마련했다. 엑셀을 이용해 연하장을 만든 후 집에서 프린트하면 끝!

## ▷ 엑셀로 연하장을 만드는 순서

먼저 연하장용 폴더를 만들고, 그곳에 연하장에 사용하고 싶은 사진을 모은다. 그런 후 엑셀의 엽서 페이지로 한꺼번에 삽입하면 된다. 익숙해지면 정말 간단한 일.

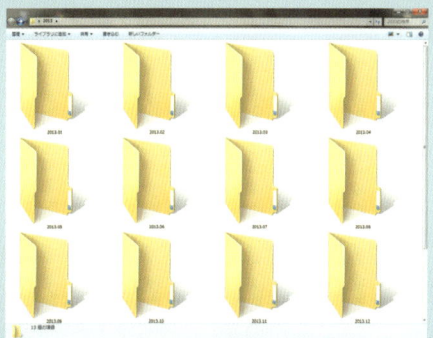

**1. 폴더에 사진을 모은다**
1년 동안 찍은 사진 중에서 연하장에 넣고 싶은 사진을 '연하장용 폴더'에 모은다. 데이터 사이즈를 축소해두면 편리하다.

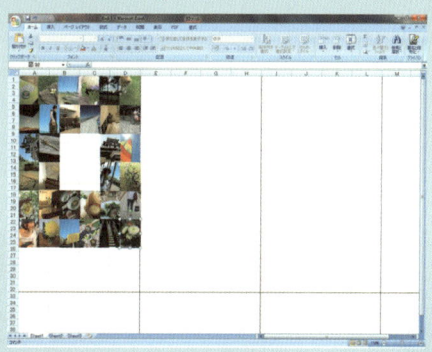

**2. 엑셀을 연다**
엑셀을 열고 '편집레이아웃 ▶ 크기 ▶ 엽서'를 선택한다. 여백은 0으로 설정하고, 인쇄 방향을 세로나 가로 원하는 대로 선택한다.

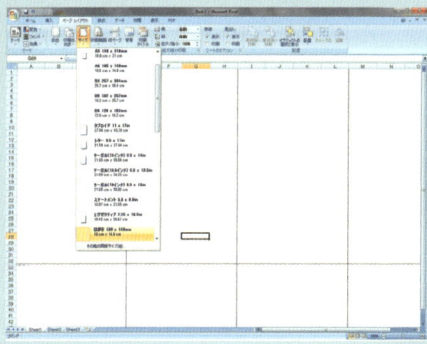

**3. 사진을 삽입한다**
'삽입 ▶ 그림'에서 사용할 사진을 모두 선택했다면 '삽입'하여 사진에 한꺼번에 넣는다.

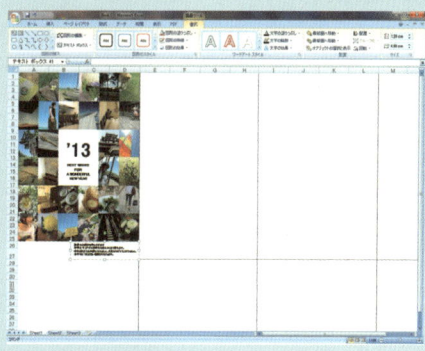

**4. 배치를 수정한다**
인물과 나무, 하늘, 꽃들을 조화롭게 배치한다. 다양한 색들이 잘 어우러지면 디자인이 돋보인다.

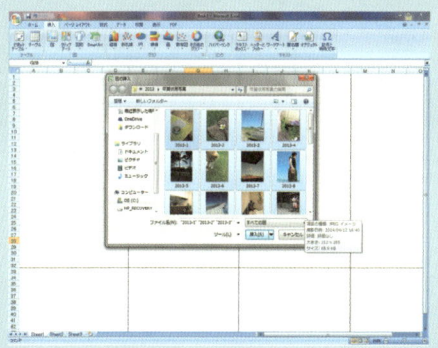

**5. 원하는 텍스트를 삽입한다**
텍스트를 넣는 위치에 '삽입 ▶ 텍스트 상자 ▶ 가로 or 세로'를 한 다음 'HAPPY NEW YEAR'를 입력한다.

**6. 동물 실루엣을 삽입**
인터넷으로 검색하여 적절한 동물 모양을 찾은 후 연하장의 구석에 넣어 인쇄하면 완성!

# 사진을 10배로 즐기는 11가지 테크닉

사진 하나만으로도 얼마든지 새로운 대화가 오가고 다양한 이벤트를 벌일 수 있다.
사진을 정리했다고 끝이 아니란 말씀. 자, 사진으로 함께 할 수 있는 일들엔 무엇이 있을까?

## 1 가족, 친구와 함께 모여 정리한다

**한꺼번에 정리할 때는 온가족이 함께**

혼자서 많은 사진을 정리하자면 의욕도 떨어지고 쉽게 지친다. 작심하고 온 가족이 옹기종기 모여 앉아 다 함께 정리하는 건 어떨까? 요령은 '토요일 단 2시간', '일요일 저녁 먹은 후' 식으로 미리 날짜를 정하는 것이다. 특히 아이는 기억력이 또렷해 정리에 큰 도움을 준다.

**친구들과 함께 정리하는 것도 방법**

함께 모여 시끌벅적하게 이번 달의 베스트 11장을 고르거나 육아 일기를 써보는 경험을 해보자. 누군가와 함께 하면 의욕도 배가 된다! 친한 친구나 아이들 친구의 엄마라면 더욱 좋다.

2012
2013
2014

## 2 앨범을 보며 성장 과정을 비교해본다

1달치 사진을 펼친면 2페이지에 정리하다 보면, 몇 년이 흐른 후 사진처럼 월별로 사진을 펼쳐놓고 비교할 수 있어 그만이다. 작년과 비교하여 얼만큼 성장했는지 또렷이 알 수 있고 앨범을 뒤적이지 않고도 한눈에 볼 수 있어 앨범을 보는 또다른 재미를 준다.

## 3 스마트폰으로 1달치 사진을 찍는다

남편의 장기 지방근무 때, 나는 스마트폰으로 앨범의 펼친면을 찍어서 남편과 공유한다. 남편은 "마치 앨범을 넘겨보는 듯한 기분인데다 확대할 수도 있어 만족스럽다."며 무척 좋아한다.

## 4 이미 성장한 자녀를 둔 엄마라면

아이가 이미 18살인데, Emi식으로 앨범을 만든다면 엄청난 일이 되어버릴 것이다. 그런 사람이라면 1년에 펼친면 1페이지, 혹은 1년에 1페이지 등의 룰로 바꿔도 좋다. 기본 룰을 참고하되 자신만의 앨범을 만들자.

## 5 사진을 패널로 만들어 집에 장식한다

최근엔 사진 데이터를 보내면 이렇게 패널로 만들어주는 서비스도 있다. 또는 패널을 사서 직접 만들어도 된다. 무겁지 않아 쉽게 장식할 수 있고 인테리어 효과도 좋다.

## 6  친정과 시댁에 사진을 보낸다

손주의 사진을 부모님께 보내는 것도 효도다. 나의 경우 사진을 뽑을 때 아예 시댁, 친정 것까지 3장씩 인쇄한다. 앨범도 내 것과 똑같은 것을 사서 보내드린다.

## 7  디지털 포토프레임을 양가 부모님에게 선물한다

양가 부모님에게 미리 디지털 포토프레임을 선물하는 것도 좋다. 명절에 부모님을 찾아뵐 때 사진 데이터가 들어간 SD카드를 선물하는 건 어떨까? 원할 때 언제든 아이들 사진을 볼 수 있어 만족도가 높다.

## 8  남는 앨범에 사진을 넣어 부모님께 선물한다

선물 받은 앨범이나 크기가 맞지 않아 처치 곤란인 앨범을 어떻게 하면 좋을까? 그 앨범에 따로 선별한 사진을 꽂아 부모님께 선물하는 것도 추천한다.

## 9
### 포토스트림으로 남편이나 친구와 사진을 공유한다

사진을 찍고 잘 뽑지 않는 요즘은 디지털로 사진을 공유한다. 내 스마트폰은 iPhone이라 같은 iPhone을 쓰는 남편이나 친구와 포토스트림으로 사진을 공유하고 있다. 짤막한 글도 마음껏 적을 수 있어서 편리하다.

## 10
### 다양한 어플로 사진을 공유한다

기종이 다른 휴대폰을 가진 친구들끼리 사진을 공유하고 싶을 때는 30days Album 등 사진 공유 어플리케이션을 다운받는다. 마음에 든 사진만을 다운로드하여 각자 프린트 할 수 있다. 벌써부터 몇 년 후 사진을 보며 이야기를 나눌 시간이 기대된다.

http://30d.jp/

## 11
### 미니 앨범을 갖고 다닌다

얇고 가볍지만 사진은 많이 들어가는 미니 앨범은 갖고 다니면서 친구들이나 지인들과 대화를 나누기 적격이다. 사진에는 종종 친구들의 얼굴도 있기 때문에 함께 보다 보면 분위기도 좋아진다.

# 사진 외 추억을 정리하는 법

마음 한 구석에 늘 짐으로 남아 있던 동영상이나 아이가 만든 작품을 어떻게 정리할까?
동영상은 용량도 커 보관이 까다롭고 편집도 귀찮다.
아이가 만든 작품은 '마음'이 담겨 있는 것이라 처분하기 어렵다.
지금부터 소개하는 방법들과 함께 정리해보자.

## 동영상

### 동영상은 휴대폰으로

사실 나는 추억은 앨범으로도 충분하다고 생각하기 때문에 동영상에 큰 무게를 두지 않는다. 그럼에도 즐거운 일상의 모습, 아이들의 운동회 등 남기고 싶은 장면은 iPhone 동영상으로 기록하고 있다.

### 매년 월별로 사진 폴더와 함께

사진과 동영상을 따로 관리하면 아무래도 번거롭기 때문에 동영상도 사진의 연도별, 월별 폴더에 같이 담아 관리한다. 사진과 똑같이 다룰 수 있어 편리하다.

### 동영상을 자주 보지 않는다면

추억은 다시 보고 곱씹을 때 가치가 있다. 동영상을 촬영만 하고 자주 보지 않는 성격이라면 촬영에 너무 부담을 갖지 말길 권한다. 그만큼 아이의 모습을 눈여겨보고 가슴에 담아두는 것도 방법.

### '자주' '짧게' 찍자

촬영한 동영상을 보다 보면 의외로 편집이 번거롭고 쉽지 않다. 2분을 넘어가면 지루하기도 하다. 따라서 동영상은 가능한 짧게, 자주 찍는 게 좋다. 30초~1분 정도의 동영상이 보관하기도, 보기에도 좋다.

## 아이의 작품

### 다시 볼 양만큼만 남기자

"아이의 작품은 버리지 못하겠다."고 말하는 엄마들이 많다. 하지만 그중 대다수가 다시 꺼내보지 않고 서랍 속에 방치되는 게 현실이다. 가볍게 볼 수 있는 양만 보관한다는 발상으로 바꿔보자.

### 그림을 담아두는 상자를 만든다

우리 쌍둥이는 유독 그림 그리기를 좋아한다. 고심 끝에 그림을 넣어두는 상자를 아이마다 따로따로 마련했다. 상자가 가득차면 아이와 함께 다시 감상한 후 상의하여 처분한다.

### 1년에 1번, 고르고 고른 작품을 파일링한다

아이의 작품 중 선별한 것은 1권의 클리어 파일에 넣어 정리하고 있다. 이것도 1년에 1권 원칙.

### 생일에 아이의 작품을 전시한다

작품은 1년간 보관한다 → 이후, 집에서 전시회를 개최한다 → 아이와 작품을 함께 촬영한다 → 버릴 것만 골라 처분. 이런 과정을 거쳐 정리한다.

### 아이가 버리길 원치 않는다면…

쌓이고 쌓여 골칫거리가 된 그림 작품들. 하지만 선배들 말에 따르면 아이들 스스로 "필요없어."라고 말하는 시기가 온다고 한다. 지금 싫다는 걸 억지로 버리지 말고 조금 기다려주는 센스.

# 임산부를 위한 사진 정리법

출산에 대비하여 느긋한 시간을 보내는 임신 기간은 사진을 정리하기에 절호의 기회!
임신 기간에 찍은 사진, 남편과의 추억, 더불어 자신의 옛날 사진 등을
모조리 정리한 후, 출산 이후의 바쁜 육아에 대비하자!

### Lesson 1  초음파 사진을 L판에 인쇄한다

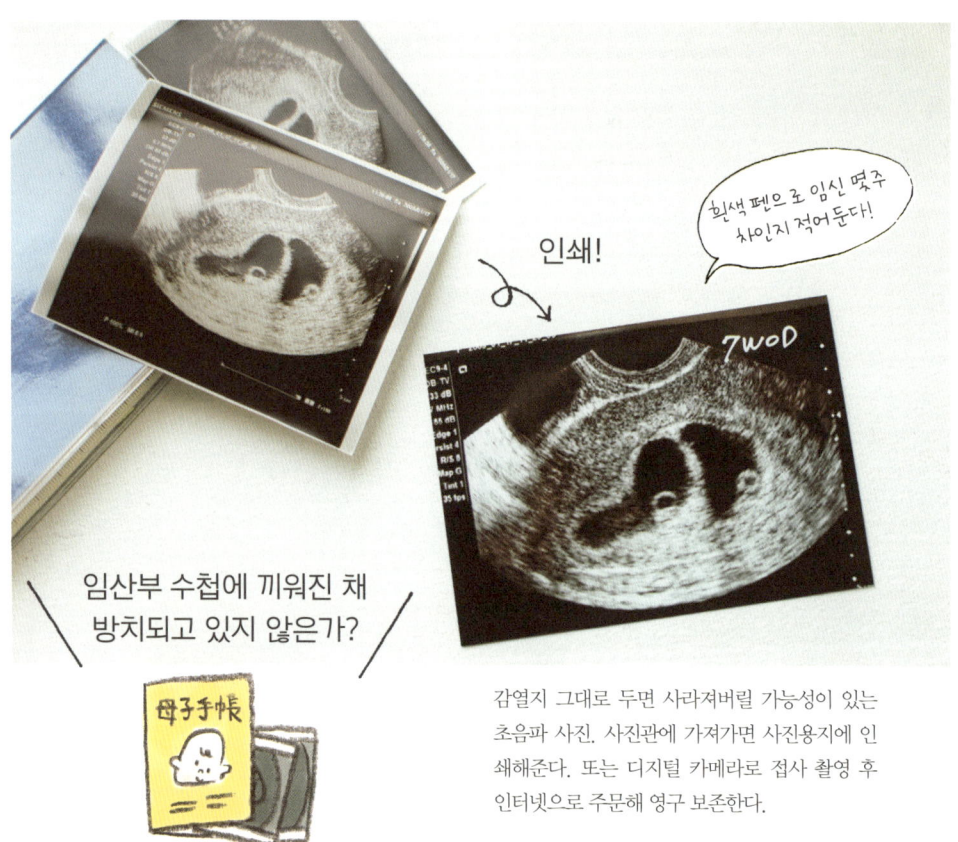

감열지 그대로 두면 사라져버릴 가능성이 있는 초음파 사진. 사진관에 가져가면 사진용지에 인쇄해준다. 또는 디지털 카메라로 접사 촬영 후 인터넷으로 주문해 영구 보존한다.

**임신 기간은 사진 정리를 위한 절호의 기회!**

입덧이 잦아든 안정기에 받은 휴가는 사진을 정리할 수 있는 절호의 기회다. 나도 출산 전에 잠깐 안정을 취하기 위해 입원한 적이 있는데 병원 침대 위에서 사진을 정리했던 기억이 있다. 보통 앨범의 첫 사진은 출산일 사진이라 생각하기 쉽지만 그 이전의 사진, 예컨대 태아의 초음파 사진이나 출산 전 부부가 다녔던 여행 사진, 만삭의 엄마 사진 등이 될 수 있다. 가족의 역사가 고스란히 기록으로 보관되는 것이다.

## 초음파 사진이나 만삭 사진도 앨범에

1달에 2페이지씩 원칙은 출산 전 사진에도 적용된다. 초음파 사진이나 임신했을 때 산 물건, 갔던 장소 등을 비교적 시간이 여유로울 때 정리해두자.

### 만삭의 배도 다양하게 찍어두자

만삭의 배 사진은 '이 뱃속에 네가 있었다.'는 메시지다. 아이들에게 그 사실을 알리기 위해 사진으로 남겼는데, 아이들이 볼 때마다 신비로워한다.

### 태어나기 전 이야기를 전하라

룰은 같다. 출산 전 사진도 1월에 시작해 1달치 사진을 펼친면 2페이지에 담는다. L판에 인쇄한 매월 초음파 사진을 포함하여 사진 11장과 육아 카드를 순서대로 꽂으면 된다. 출산하기 전 살던 방의 풍경도 찍어두기를 권한다. 훗날 아이 물건이 전혀 없던 부부만의 생활이 그리워지는 때가 온다. 아이에게 자신이 태어나기 전 세상은 몹시 흥미로운 이야기가 아닐 수 없다. 4살 정도가 되면 "엄마, 나는 뱃속에서 어땠어?"라고 묻기도 한다. 그런 때 앨범을 보면서 "여기에 있었지."라며 엄마 배를 보여주거나 태어날 때까지 기다렸던 마음을 전달해보자. 아이가 활짝 웃는 모습을 볼 수 있을 것이다.

## Lesson 2 남편과 함께 사진을 정리하자!

### 여행, 이벤트 사진은 미니 앨범으로 만들자

사진 데이터를 보관하고 있다면 촬영일 순으로 '미니 앨범'을 만드는 걸 추천한다. 사진 매수가 많다면 '결혼식' '하와이 여행' 등으로 주제를 나눠 미니 앨범을 만들어도 좋다.

| | |
|---|---|
| 디지털 카메라 시대 이전에 인쇄한 것  | 40~41쪽 '인쇄한 사진 정리법'의 순서에 따라 앨범을 만든다. |
| 디지털 데이터로 저장해 둔 것  | 42~43쪽 '디지털 사진 정리법'의 순서에 따라 정리해보자. 양이 많다면 미니 앨범으로만 꾸민다. |

**부부 둘만 지내던 시절의 사진은 미니 앨범으로**

"부부가 연애하던 때나 신혼 시절의 사진을 정리했냐?"고 질문해보면 결혼식과 신혼여행 사진은 정리했지만 나머지 사진은 인쇄한 채 모아두거나 데이터만 있다는 말을 자주 듣는다. 출산 이후에는 육아에 쫓겨 부부 사진을 정리할 여유가 없다. 따라서 임신 기간에 꼭 임신 전 모든 사진을 정리해두길 권한다. 데이터가 있다면 시대 순으로 나열하여 미니 앨범으로 꾸미고, 인쇄한 사진이 쌓여 있다면 포켓 앨범에 시간 순서대로 넣으면 된다. 단, 임신 기간엔 몸에 무리가 가지 않아야 한다. 느긋하고 편안한 마음으로 사진을 정리하다보면 좋은 태교가 될 수도 있다.

# Lesson 3 싱글 시절의 사진도 정리하자!

### 나의 경우에는…

맘 먹고 정리했더니 앨범에 넣지 않은 옛날 사진이 잔뜩 나왔다. 상당한 양이지만 이런 식으로 상자에 넣고 색인을 붙여 대략적으로 분류한 후 침실 옷장에 수납한다.

### 부모님이 만들어준 앨범은 그대로

부모님이 만들어준 앨범은 그 마음 그대로 간직하고 싶어 새 앨범으로 꾸미지 않고 그대로 보관했다. 옛날 앨범이기 때문에 그 시절의 분위기를 고스란히 느낄 수 있다.

### 추억의 상자

대학시절에는 앨범을 부지런히 만들었다. 그 앨범들은 '추억의 상자'에 한꺼번에 넣어 침실 옷장 안에 수납한다.

**자신의 과거 사진까지 정리했다면, 완벽!**

임신했을 때의 사진, 부부 사진까지 정리했다면 사진 정리의 마무리 단계다! 여력이 있다면 과거 자신의 사진까지 정리하면 금상첨화. 종종 "옛 앨범은 부모님 댁에 있다."고 말하는 사람도 있는데, 계속 그곳에 둘지, 집으로 가져올지 부모님과 이야기해보는 것이 좋다.

요령은, 정리하지 못한 프린트 사진을 한 곳에 모은다. → 시대별로 색인을 붙여 분류한다. → 상자에 담아 보관한다, 순이다. 이벤트별로 정리하고 싶다면 그와 관련된 모든 사진이 들어가는 상자를 준비하고 정리한 후 보관한다. 자신의 사진은 침실 옷장이나 벽장 등 사용빈도가 낮은 장소에 수납해도 무방하다.

Epilogue

# 세상에 단 하나뿐인 가족 풍경을 만들자
— 사진이 없으면 추억도 없다

어느 날, 선천적으로 청력을 잃은 분이 세미나에 수화 통역사와 함께 참가한 적이 있다.
얼마 후 그 분은 내게 이메일을 보내, 세미나 수강을 통해 깨닫게 된 자신의 생각을 전해왔다.
처음부터 귀가 들리지 않았던 이 분은 어린 시절부터
어머니가 꾸준히 만들어준 앨범을 보면서
기억에서 희미해져가는 엄마와의 추억을 마음에 되새긴다고 한다.
비록 엄마가 적어둔 메모는 없는 앨범이지만 사진 몇 장만으로도 엄마와 함께 했던 시절의
정경이 눈에 선하다는 것이다. 그는 심플한 앨범 하나만으로도
훗날 아이가 스스로의 추억을 되찾고 행복해질 것이라고 말하며
앨범 만들기 세미나를 오래도록 계속 해줄 것을 당부했다.
그분의 말을 전하는 나도, 세미나에 참석하는 엄마들의 마음도 숙연해졌다.

가족과 함께 자고, 먹고, 살아가는 지극히 평범한 일상,
당연한 듯 흘러가는 하루하루가 모여서 인생이 된다.
시간이 흐르면서 기억에서 조금씩 지워져가는 일상들이 훗날
"그땐 그랬지."라며 이야기꽃을 피우는 소재가 될 수 있다면
그것처럼 아름다운 일이 또 있을까?
이는 가족들끼리만 공유할 수 있는 아름답고 소중한 풍경일 것이다.

그런 풍경을 담고, 기억하고 싶었다.
그런 바람을 담아 이 책을 만들었다.
물론 책에 소개한 '1년에 앨범 1권'이나 '1달치 사진을 펼친면 2페이지'의 원칙들은
어디까지나 우리집에 맞춘 정리법이므로 꼭 그 방법을 따를 필요는 없다.
다만 이 책을 계기로 집안 어딘가에 방치돼 있던 아름다운 순간을 담은

사진들이 각 가정마다 자기 색깔에 맞춘 앨범으로 탄생한다면 좋겠다.
중요한 것은 어떤 방법으로 정리하느냐가 아니라 사진을 '다시 볼 수 있는 형태'로
만드는 것이기 때문이다. 다시 보기에 가장 좋은 형태가 앨범일 뿐이다.
머리로만 너무 생각하지 말고, 손을 움직이는 것이 중요하다.
지금 당장 가장 최근에 촬영한 사진을 펼쳐 놓고 '오래오래 남겨두고 싶은 사진'을
골라보는 것부터 시작해보자.
무엇과도 바꿀 수 없는 귀한 선물을 당신 스스로에게, 아이에게,
또 가족 모두에게 선물하는 즐거운 체험이 될 것이다.

끝으로 책이 나오기까지 열정적으로 도와주신 출판사 관계자분들과 블로그 독자들에게
감사의 인사를 드린다. 또 늘 응원해주는 남편과 아이들에게도 사랑을 전하고 싶다.
내가 그랬듯 이 책을 읽은 분들과 그 가족에게 '사진'이 더 친숙하고 의미있는
무언가가 되길 간절히 바란다.

> 특별부록 1

# 연령 조견표 & 월령 조견표

사진을 정리할 때마다 '2010년에 아이가 몇 살이었더라?' 하는 고민을 해결해준다.
아이별로 나이를 적어두면 두고두고 계속 활용할 수 있는 편리한 조견표이다.

연령 조견표

| 연도 | | 이름 (예) 홍길동 2010년 출생 | 이름 년 출생 | 이름 년 출생 | 이름 년 출생 | |
|---|---|---|---|---|---|---|
| 1994년 | | 세 | 세 | 세 | 세 | |
| 1995년 | | 세 | 세 | 세 | 세 | |
| 1996년 | | 세 | 세 | 세 | 세 | |
| 1997년 | | 세 | 세 | 세 | 세 | |
| 1998년 | | 세 | 세 | 세 | 세 | |
| 1999년 | | 세 | 세 | 세 | 세 | |
| 2000년 | | 세 | 세 | 세 | 세 | |
| 2001년 | | 세 | 세 | 세 | 세 | |
| 2002년 | | 세 | 세 | 세 | 세 | |
| 2003년 | | 세 | 세 | 세 | 세 | |
| 2004년 | | 세 | 세 | 세 | 세 | |
| 2005년 | | 세 | 세 | 세 | 세 | |
| 2006년 | | 세 | 세 | 세 | 세 | |
| 2007년 | | 세 | 세 | 세 | 세 | |
| 2008년 | | 세 | 세 | 세 | 세 | |
| 2009년 | | 세 | 세 | 세 | 세 | |
| 2010년 | | 1 세 | 세 | 세 | 세 | |
| 2011년 | | 2 세 | 세 | 세 | 세 | |
| 2012년 | | 3 세 | 세 | 세 | 세 | |
| 2013년 | | 4 세 | 세 | 세 | 세 | |
| 2014년 | | 5 세 | 세 | 세 | 세 | |
| 2015년 | | 6 세 | 세 | 세 | 세 | |
| 2016년 | | 7 세 | 세 | 세 | 세 | |
| 2017년 | | 8 세 | 세 | 세 | 세 | |
| 2018년 | | 9 세 | 세 | 세 | 세 | |
| 2019년 | | 10 세 | 세 | 세 | 세 | |
| 2020년 | | 11 세 | 세 | 세 | 세 | |
| 2021년 | | 12 세 | 세 | 세 | 세 | |
| 2022년 | | 13 세 | 세 | 세 | 세 | |
| 2023년 | | 14 세 | 세 | 세 | 세 | |
| 2024년 | | 15 세 | 세 | 세 | 세 | |
| 2025년 | | 16 세 | 세 | 세 | 세 | |
| 2026년 | | 17 세 | 세 | 세 | 세 | |
| 2027년 | | 18 세 | 세 | 세 | 세 | |
| 2028년 | | 19 세 | 세 | 세 | 세 | |
| 2029년 | | 20 세 | 세 | 세 | 세 | |
| 2030년 | | 세 | 세 | 세 | 세 | |
| 2031년 | | 세 | 세 | 세 | 세 | |
| 2032년 | | 세 | 세 | 세 | 세 | |
| 2033년 | | 세 | 세 | 세 | 세 | |
| 2034년 | | 세 | 세 | 세 | 세 | |

원령 조건표

|  | 이름 (예) 홍길동 4월 1일 출생 | 이름 월 일 출생 | 이름 월 일 출생 | 이름 월 일 출생 |  |
|---|---|---|---|---|---|
| 1월<br>January | 9 개월 | 개월 | 개월 | 개월 |  |
| 2월<br>February | 10 개월 | 개월 | 개월 | 개월 |  |
| 3월<br>March | 11 개월 | 개월 | 개월 | 개월 |  |
| 4월<br>April | 0 개월 | 개월 | 개월 | 개월 |  |
| 5월<br>May | 1 개월 | 개월 | 개월 | 개월 |  |
| 6월<br>June | 2 개월 | 개월 | 개월 | 개월 |  |
| 7월<br>July | 3 개월 | 개월 | 개월 | 개월 |  |
| 8월<br>August | 4 개월 | 개월 | 개월 | 개월 |  |
| 9월<br>September | 5 개월 | 개월 | 개월 | 개월 |  |
| 10월<br>October | 6 개월 | 개월 | 개월 | 개월 |  |
| 11월<br>November | 7 개월 | 개월 | 개월 | 개월 |  |
| 12월<br>December | 8 개월 | 개월 | 개월 | 개월 |  |

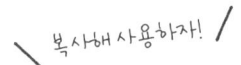

| 특별부록 2 |

# 사진 데이터 정리 체크리스트

방대한 사진 데이터를 정리할 경우, 중간 중간에 어디까지 정리를 마쳤는지 헷갈릴 때가 많다.
그때 제대로 하지 않으면 모든 과정이 엉켜버린다. 이럴 때를 대비해 체크리스트를 활용할 것을 권한다.

연도: _____

| | 1월 | 2월 | 3월 | 4월 | 5월 | 6월 | 7월 | 8월 | 9월 | 10월 | 11월 | 12월 | 비고 |
|---|---|---|---|---|---|---|---|---|---|---|---|---|---|
| 이름 | 세 개월 | 세 개월 | 세 개월 | 세 개월 | 세 개월 | 세 개월 | 세 개월 | 세 개월 | 세 개월 | 세 개월 | 세 개월 | 세 개월 | |
| 이름 | 세 개월 | 세 개월 | 세 개월 | 세 개월 | 세 개월 | 세 개월 | 세 개월 | 세 개월 | 세 개월 | 세 개월 | 세 개월 | 세 개월 | |
| 이름 | 세 개월 | 세 개월 | 세 개월 | 세 개월 | 세 개월 | 세 개월 | 세 개월 | 세 개월 | 세 개월 | 세 개월 | 세 개월 | 세 개월 | |
| | | | | | | | | | | | | | |
| 사진 데이터 | | | | | | | | | | | | | |
| 모든 카메라의 데이터를 HDD에 저장 | | | | | | | | | | | | | |
| 휴대폰 데이터를 HDD에 저장(엄마) | | | | | | | | | | | | | |
| 휴대폰 데이터를 HDD에 저장(아빠) | | | | | | | | | | | | | |
| '소중'으로 분류한 사진 중에서 선택 (L판 프린트) | | | | | | | | | | | | | |
| '주저'로 분류한 사진 중에서 선택 (미니앨범) | | | | | | | | | | | | | |
| | | | | | | | | | | | | | |
| | | | | | | | | | | | | | |
| | | | | | | | | | | | | | |

── 작성 예 ──

아래는 2010년 4월에 태어난 오빠 타로와 2014년 5월에 태어난 동생 하나코의 작성 예다.
먼저 리스트 상단을 적어두면 형제의 나이 관계도 한눈에 들어온다.

**Point**
**연령 & 월령을 적는다**
〈특별 부록 1〉을 보면서 연령 & 월령을 적어보자. 비고란에는 아이의 반 이름을 적어도 좋다.
* 비고 예) - 4월 유치원 코끼리반

연도: 2014

| 이름 | 1月 | 2月 | 3月 | 4月 | 5月 | 6月 | 7月 | 8月 | 9月 | 10月 | 11月 | 12月 | 비고 |
|---|---|---|---|---|---|---|---|---|---|---|---|---|---|
| 타로 | 3세 9개월 | 3세 10개월 | 3세 11개월 | 4세 0개월 | 4세 1개월 | 4세 2개월 | 4세 3개월 | 4세 4개월 | 4세 5개월 | 4세 6개월 | 4세 7개월 | 4세 8개월 | |
| 하나코 | 세 개월 | 세 개월 | 세 개월 | 세 개월 | 0개월 | 1개월 | 2개월 | 3개월 | 4개월 | 5개월 | 6개월 | 7개월 | |
| | 세 개월 | 세 개월 | 세 개월 | 세 개월 | 세 개월 | 세 개월 | 세 개월 | 세 개월 | 세 개월 | 세 개월 | 세 개월 | 세 개월 | |

사진 데이터

| 항목 | 1月 | 2月 | 3月 | 4月 | 5月 | 6月 | 7月 | 8月 | 9月 | 10月 | 11月 | 12月 | |
|---|---|---|---|---|---|---|---|---|---|---|---|---|---|
| 모든 카메라의 데이터를 HDD에 저장 | O | O | O | O | O | | | | | | | | |
| 휴대폰 데이터를 HDD에 저장(엄마) | O | O | O | O | | | | | | | | | |
| 휴대폰 데이터를 HDD에 저장(아빠) | O | / | O | | | | | | | | | | |
| '소중'으로 분류한 사진 중에서 선택 (L판 프린트) | O | O | O | | | | | | | | | | |
| '주저'로 분류한 사진 중에서 선택 (미니앨범) | O | | | | | | | | | | | | |

**Point**
**정리가 끝났다면 ○표를**
각 항목의 사진 데이터를 '소중' or '주저'로 분류를 마쳤다면 ○를 체크하자. 한눈에 진행상황을 알 수 있다.

**Point**
**데이터가 없는 곳에는 / 표를**
해당하는 사진 데이터가 없는 경우는 빈칸에 / 라고 적는다. 빈칸이 생기지 않도록 순서대로 정리하여 ○나 /를 표시하는 것이 수월하다.

옮긴이 **박재현**

상명대 일어일문학과를 졸업하고 일본으로 건너가 일본외국어전문학교 일한 통·번역학과를 졸업했다. 이후 일본도서 저작권 에이전트로 일했으며, 현재는 출판 기획 및 전문 번역가로 활동 중이다. 그 동안 옮긴 책으로 『육아 수납 인테리어』 『투룸 수납 인테리어』 『니체의 말』 『괴테의 말』 『불안한 원숭이는 왜 물건을 사지 않는가』 『평판이 스펙이다』 『인생의 격차는 30대에 만들어진다』 『도망치지 마 미하루 씨』 『회오리바람 식당의 밤』 『토막 난 시체의 밤』 등 다수가 있다.

### 바쁜 엄마도 쉽게 하는
### 내 아이 사진 정리법

1판 1쇄 펴낸 날 2015년 1월 26일

지은이 | Emi
옮긴이 | 박재현

펴낸이 | 박경란
펴낸곳 | 심플라이프
등  록 | 제2011-000219호(2011년 8월 8일)
주  소 | 서울시 마포구 양화로11길 46(서교동) 남성빌딩 4층
전  화 | 02-338-3338
팩  스 | 02-332-3339
이메일 | simplebooks@daum.net
블로그 | http://simplebooks.blog.me

ISBN 979-11-951549-4-4   13590

• 저작권법에 의해 보호를 받는 저작물이므로 무단전재와 복제를 금합니다.
• 책값은 뒤표지에 있습니다. 잘못된 책은 구입하신 곳에서 바꾸어 드립니다.
• 이 도서의 국립중앙도서관 출판시도서목록(CIP)은 서지정보유통지원시스템 홈페이지(http://seoji.nl.go.kr)와 국가자료공동목록시스템(http://www.nl.go.kr/kolisnet)에서 이용하실 수 있습니다.(CIP제어번호: 2015000525)